독립운동과
대한적십자

독립운동과
대한적십자

초판 1쇄 발행 2020년 12월 24일
초판 2쇄 발행 2022년 3월 1일

지은이 박환
펴낸이 홍종화

편집·디자인 오경희·조정화·오성현·신나래
박선주·이효진·정성희
관리 박정대·임재필

펴낸곳 민속원
창업 홍기원
출판등록 제1990-000045호
주소 서울시 마포구 토정로 25길 41(대흥동 337-25)
전화 02) 804-3320, 805-3320, 806-3320(代)
팩스 02) 802-3346
이메일 minsok1@chollian.net, minsokwon@naver.com
홈페이지 www.minsokwon.com

ISBN 978-89-285-1523-3 93900

※ 책 값은 뒤표지에 있습니다.
※ 잘못된 책은 바꾸어 드립니다.

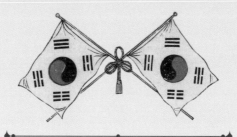

독립운동과
대한적십자

박 환

민 속 원

독립전쟁과
인도주의의 공존

　대한적십자회는 3·1운동 이후 1919년 7월 대한민국임시정부 내무부 총장 안창호安昌浩 등이 발기하고, 내무부로부터 인가를 받아 상해에서 임시정부의 관련 단체로서 설립되었다. 회장에는 이희경李喜儆, 부회장에는 김성겸金聖謙, 이사에는 여운형呂運亨이 선출되었으며, 안중근의 동생 안정근安定根도 부회장을 역임하였고, 1922년에는 손정도孫貞道가 회장에 선출되었다. 상해에 본부를 두고 있던 적십자회는 미주美洲·노령露領 등지와 국내 각지에도 지부와 지회를 설치하여 그 조직을 확대해 나갔다.

　대한적십자회의 설립 목적은 평상시는 병원을 설립하여 질병의 예방과 국민보건에 기여하고 간호사 및 구호원을 훈련하여 재난에 대비하는 한편, 전시에는 부상자 가료의 임무를 수행하는 것이었다. 그러나 일제가 조선을 강점한 특수상황이었음으로 대한적십자회는 인도주의 활동과 더불어 1920년 1월 간호원 양성소를 설치하여, 독립전쟁에 대비하고자 하였다. 아울러 대한적십자회가 국제적인 기관인 만큼 국제적십자사연맹에 가입하고자 하였다. 그것은 임시정부가 국제적 승인을 얻는 문제와 직결되는 것이었기 때문에, 국제적십자위원회ICRC와 꾸준히 교섭하였으나 승인을 얻지 못하였다.

　그러나 대한적십자회의 꾸준한 국내외 활동은 조국광복의 견인차 역할을 하였을 뿐만 아니라 한국인에게 인도주의 정신을 함양하는데도 큰 기여를 하였다. 특히 대한적십자회는 한국인의 3·1운동과 비인도적인 일제의 무자비한 탄압을 사진을 통하여 전 세계에 알리는데 크게 기여하였다. 더구나 독자분들이 알고 있는 3·1운동과 관련 사진들은 대부분 대한적십자회 발행 사진첩에서 유래한 것임은 주목해야 할 사실이다. 아울러 대한적십자회는 1920년 3·1운동 1주년을 맞이하여 러시아, 미주 등지의 행사에도 적극적으로 참여함으로써 독립정신과 인도주의 정신을 선양하고자 하였던 것이다. 특히 간호사 양성을 위한 노력은 그 대표적인 활동으로서 높이 평가된다.

그럼에도 불구하고 학계에서는 그동안 대한적십자회의 인도주의 활동과 독립운동에 대하여 전혀 주목하지 못하였다. 이에 이 책에서는 3·1운동과 관련된 대한적십자회의 사진들과 논고들을 통하여 대한적십자사의 독립운동과 그 역사적 의미를 밝혀보고자 한다.

이 책은 크게 2부로 나누어져 있다. 1부에서는 대한적십자회 관련 사진들을 모아보았다. 사진들의 일부분은 알려져 있으나 대부분은 처음으로 공개되는 것들이다. 특히 사진들에 대한 정확한 설명은 앞으로 대한민국 임시정부의 관련 단체인 대한적십자사의 독립운동을 이해하는데 큰 도움이 될 것이다.

먼저 대한적십자사의 탄생과 변천에서는 적십자사의 역사를 전반적으로 살펴보고자 한다. 특히 처음으로 공개되는 '한국적십자사 모의문'에서는 적십자사를 설립하고자 하는 국민들의 열의를 감동적으로 느껴볼 수 있을 것이다. 아울러 통일지향적 시각에서 해방 후 남한과 북한에서의 적십자사 조직에 대하여도 알아 보고자 한다.

또한 상해임시정부 기관지 『독립신문』에 실린 대한적십자회의 다양한 보도들을 통하여, 온갖 고난과 악조건 속에서 분투했던 1919년, 1920년의 대한적십자회를 살펴볼 수 있을 것이다.

다음에는 대한적십자회가 발행한 영문사진첩에 대하여 살펴보고자 한다. 1920년에 발행된 이 사진첩은 영문으로 되어 있으며, 3·1운동에 대한 사진을 집대성한 것으로 볼 수 있다. 적십자회는 이 사진첩을 통하여 전세계, 특히 미국과 유럽 등지에 한국인의 독립에 대한 열망을 전달하고자 하여 영문으로 제작하였다. 이 부분은 우리가 특별히 눈여겨볼 대목이다.

다음에는 미국 다뉴바 지역의 3·1운동 1주년행사 사진과 만나게 될 것이다. 수많은 간호사 사진들은 또 다른 충격으로 우리에게 감동을 줄 것이다. "적십자대"라고 쓰인 사진 설명들을 접하며 새로운 전율을 맞볼 수 있을 것이다. 또한 멕시코, 쿠바 등지의 적십자회 활동도 알아볼 것이다.

아울러 1920년 3월 1일 러시아 블라디보스토크 신한촌에서 진행된 3·1운동 1주년 기념행사에서 대한적십자회의 참여를 사진을 통하여 확인하게 될 것이다. 특히 대한적십자회의 깃발 아래, 대한적십자회 여성 대표의 연설 장면은 처음으로 확인, 공개되는 것으로 우리에게 큰 울림을 줄 것이다. 특히 적십자 대표가 여성이라는 점은 더욱 우리를 놀라게 할 것이다.

2부에서는 논고를 통하여 대한적십자회의 활동을 보다 구체적으로 심층적으로 살펴볼 수 있을 것이다. 특히 영문사진첩과 더불어 러시아지역의 대한적십자회의 조직과 활동은 우리에게 또다른 새로운 사실들을 알려줄 것이다. 특히 러시아지역에서 적십자 활동을 전개한 인물 가운데에는 민족주의자와 공산주의자가 공존하고 있음을 주목한다. 아울러 3·1운동 행사시에도 태극기, 붉은 적기, 대한노인동맹단 등 단체깃발과 더불어 적십자기가 함께 광장을 뒤덮고 있었다.

이 책을 통하여 그동안 잊힌 대한민국 임시정부의 관련단체인 대한적십자회의 독립운동과 인도주의정신이 독자들에게 다가가는 계기가 되었으면 하는 바람이다. 이번에 대한적십자사를 연구하면서 독립운동과 인도주의에 대하여 많은 것을 생각하게 되었다. 특히 독립운동과 인도주의는 공존할 수 있을까 하는 질문에 상호충돌이 아닐까 고민하게 되었다. 안중근 의사가 일제검찰의 심문당시 받았던 질문, 신앙인으로서 '살인은 정당화될수 있는가?' 하는 바로 그것이었다.

당시 식민지 치하에서 적십자 활동에 참여했던 사람들의 인식은 어떠하였을까. 아마도 그들은 특정 국가를 위한 독립운동과 민족주의를 벗어난 인도주의와의 경계인으로서 깊은 고뇌를 하였을 것으로 판단되었다. 적십자인들에게는 일본과의 전쟁은 단순히 일본과의 전쟁이 아니라 반제국주의 운동의 일환으로서 한국의 독립운동을 인식하고, 선택한 것이 아니었을까 생각되었다. 바로 반제국주의운동은 인도주의운동과 상호보완관계였던 것으로 보인다. 적십자인들의 활동은 독립운동을 넘어 한 단계 발전된 반제국주의운동, 인도주의 운동 즉 평화운동의 차원에서 적십자운동을 전개한 것으로 판단된다.

안중근 의사의 동생으로서 적십자회를 이끈 안정근이 바로 이 정신의 구현자가 아닌가 한다. 안중근 의사는 독립을 넘어 동양평화, 세계평화를 주창한 인물이었다. 안중근 의사의 동생 안정근은 이러한 안중근 의사의 평화정신을 대한적십자회에서 찾았을 것으로 보인다. 즉, 안정근은 대한적십자회의 부회장으로서 형의 유지를 받들어 평화정신, 인도주의 정신을 계승발전시키고자 하였던 것이다. 아울러 적십자 회원들은 안중근 의사의 이러한 평화정신의 계승자로서 한국독립운동계의 다양한 이상향을 대변하는 또다른 대표자들로서 평가된다.

이 책을 간행하는데 많은 분들로부터 도움을 받았다. 적십자사와 인연을 맺게 해주었고, 학문적으로도 많은 도움을 준 한성대 조규태 교수에게 먼저 감사드리고 싶다. 아울러 자료를 제공해주신 대한적십자사, 대한민국역사박물관, 독립기념관, 한국이민사박물관, 연세대 동은의학박물관, 서울대 의학박물관, 컬럼비아대학교 도서관, 미국 USC, 남북역사학자협의회, Korea Data Project 등 여러 기관과 김승태 목사, 성주현 교수, 옥성득 교수, 김형목 박사, 정용서 박사, 신효승 박사, 김광운 박사, 염경화 박사, 김상태 교수, 김권정 박사께도 고마운 마음을 전하고 싶다. 끝으로 어려운 가운데 출판을 해주신 민속원 홍종화 대표, 격려를 해주신 대한적십자사 신희영 회장과 이상천 사무총장 그리고 김용상 원장, 목정하 과장 등 관계자분들, 항상 고마운 박경, 박찬 두 동학에게도 따뜻한 인사를 전한다.

2022. 3. 1.
문화당에서 청헌 박환

목차

1부

사진역사학으로 보는 독립운동과 대한적십자

11

대한적십자회의
조직과 활동

231

1부

사진역사학으로 보는
독립운동과 대한적십자

대한적십자사의
탄생과 변천

대한적십자사는 1905년 10월 27일 설립되었다. 그러나 1909년 일본적십자사에 흡수되어 폐사되었다.

3·1운동 이후 상해에서 대한민국임시정부가 조직되면서 대한적십자회의 필요성이 제기됨에 따라 '한국적십자사 모의문'이 발표되었다. 그리고 1919년 7월 1일 대한민국임시정부 대한적십자회를 조직하고, 동년 8월 29일 공표하였다. 회장에는 이희경, 부회장 안정근, 이사장 서병호, 서기 김태연, 재무부장 고일청, 감사 옥성빈, 감사 김순애 등이었다. 그리고 고문으로 이승만, 이동휘, 안창호, 문창범을 추대하였다.

대한적십자회는 1919년 조직이후 국제적십자사 가입을 추진하는 한편, 서울을 비롯하여 중국, 러시아, 미국, 멕시코, 쿠바 등에 지부를 조직, 활발한 활동을 전개하였다. 특히 1920년에는 미국의 다누바, 러시아의 블라디보스토크, 1923년에는 쿠바 마탄사스의 3·1절 기념식에 적십자대가 적극 참였다. 한편 1920년 간도참변시 대한적십자회는 피해상황을 공포하였고, AP통신은 이를 인용 보도하여, 세계에 일본의 만행을 알리기도 하였다.

한편 국내에는 조선지부가 활동하였다. 해방 후 일제하에서 인도주의 활동과 독립투쟁을 전개했던 대한적십자회는 대한민국 적십자사로 새롭게 부활, 독립운동 정신과 인도주의 정신을 계승 발전시키며, 활발히 활동을 전개하고 있다.

대한적십자사규칙

1905년 칙령 제47호

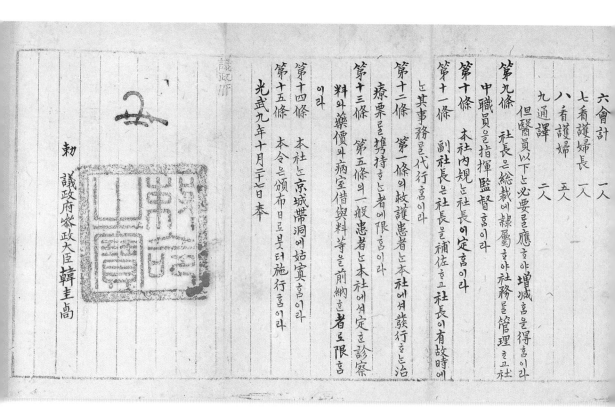

六　會計　一人

七　看護婦長　一人

八　看護婦　五人

九　通譯　二人

第九條　社長은總裁에隷屬하야社務를管理하고社中職員을指揮監督함이라

但醫員以下는必要를應하야增減함을得함이라

第十條　本社內規는社長이定함이라

第十一條　副社長은社長을補佐하고社長이有故時에는其事務를代行함이라

第十二條　第一條의救護患者는本社에셔欵行하는治療票를携持하는者에限함이라

第十三條　第五條의一般患者는本社에셔定立診察料와藥價와病室借與料等을前納하는者로限함이라

第十四條　本社는京城帶洞에姑寘함이라

第十五條　本令은頒布日로붓터施行함이라

光武九年十月二十七日奉

勅

議政府參政大臣韓圭卨

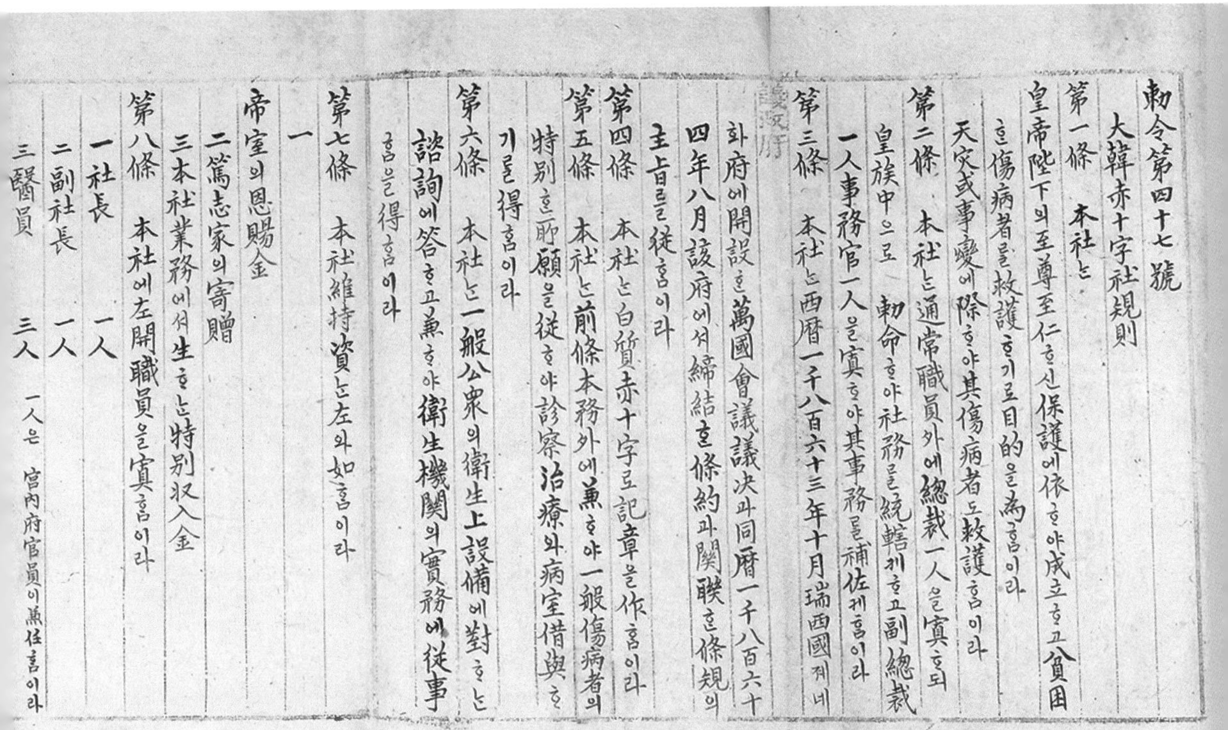

大韓赤十字社規則

第一條 本社는皇帝陛下의至尊至仁호신保護에依호야成立호고員困호傷病者를救護홈을目的으로홈이라

天家或事變에際호야其傷病者를救護홈이라

第二條 本社는通常職員外에總裁一人을寘호되皇族中으로 勅命호야社務를統轄케호고副總裁一人事務官一人을寘호야其事務를補佐케홈이라

第三條 本社는西曆一千八百六十三年十月瑞西國에서卦府에開設호고萬國會議議決과同曆一千八百六十四年八月該府에서締結호條約과關聯호條規의主旨를從홈이라

第四條 本社는白質赤十字로記章을作홈이라

第五條 本社는前條本務外에瘍一般傷病者의特別호顧을從호야診察治療와病室借與호기를得홈이라

第六條 本社는一般公衆의衛生上設備에對호는諮詢에答호고兼호야衛生機關의實務에從事홈을得홈이라

第七條 本社維持資는左와如홈이라
一
帝室의恩賜金
二篤志家의寄贈
三本社業務에서生호는特別收入金

第八條 本社에左開職員을寘홈이라
一社長　一人
二副社長　一人
三醫員　三人
一人은宮內府官員이兼任홈이라

1905-06년경 대한제국 적십자병원

昨年九月開院以後成績大に善く、韓人の恩惠に浴する者甚だ多し。院長は吉本潤氏にて、該院の開設は全く氏の盡力に依る。寫眞は該院の扅根夏氏の寄贈也。

작년* 9월 개원(開院) 이후 성적이 대단히 좋고, 은혜를 입은 한인(韓人)이 매우 많다. 원장은 요시모토 쥰(吉本潤)이고, 병원의 개설(開設)은 모두 씨(원장)의 진력(盡力)에 의하였다. 사진은 이 병원의 호근하(扅根夏)씨가 기증한 것이다.

* 1905년(필자)

字 十 赤 國 韓

Red Cross Hospital.

대한적십자사 규칙이 실린 황성신문

1905년 11월 1일

대한적십자사 총재 이강 임명장
1906년

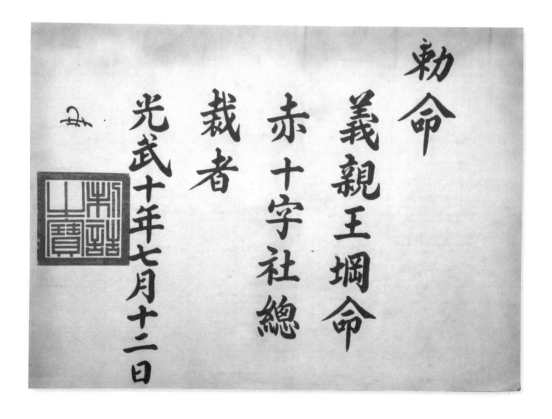

勅命
義親王堈命
赤十字社總
裁者
光武十年七月十二日

1-005

한국적십자사 모의문

1919년

韓國赤十字社募義文
아 를닷다 慈善의 事業이여 하나님의
깃버하시난 바어사랑바다 要求하난바 나慈
善中에도 天災와 人禍를 不奈하고 能히
死와 生의 夾間을 不拘하며 我와 人의 隔
壁을 破壞하고 濟世의 寶筏을 犠하며 博
愛의 活潮를 竪하야 左眷右顧하야 無量
한 生靈을 起死回生하난 것은 洛音다 吾人
의 奮發勉勵하난 赤十字社가 안인가 我國
은 生物에 肇闢한 故國이라 上帝의 好生
하시난 仁의 性을 特賦한 바 天의 命을 則
하야 博施濟衆하난 것은 國民의 固有한
癖을 成하엿다 할지라 不幸히 惡隣
의 兼併을 當한 以來로 我의 原有物의

난 慈善事業까지 飾眷이 되야 彼
狡猾한 籠絡으로 陰히 誘하며 强히 要하
야 於證於郷의 閭巷人士까지 十字社員의
徽章을 勒冒하고 幾千幾佰圓의 金額을
毒手로 拈據하엿스나 韓人은 質實한 白
恩로 彼等이 비록 反側無常한 非人道的
人類이나 此를 因하여서난 近히 韓國과
遠히 寰宇에 必히 實을 務하야 公益이
必大하리라 하엿더니 噫 音의 狗의 尾也 虎
의 文을 難成하도다 三月一日 以來로 韓
族의 赤手로 惡魔갓흔 敵鋒에 魂이 飛
하며 骨을 暴하난 此時를 當하야 彼也 袖
手傍觀뿐 外라 彼의 當局者들이 反히
韓國病院에서 實施하난 慈善사지 禁
令을 發하야 數萬의 重傷을 生하난 中

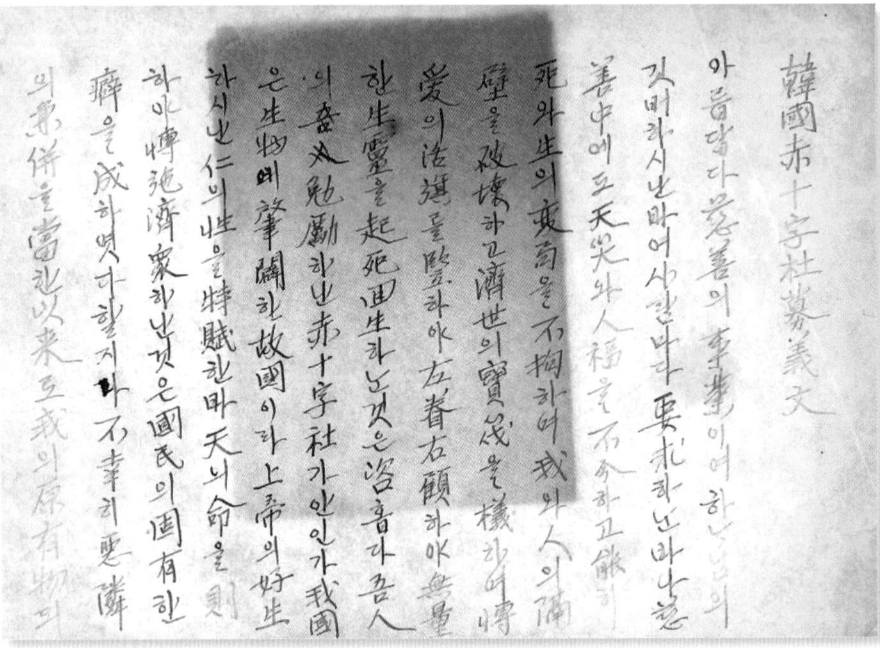

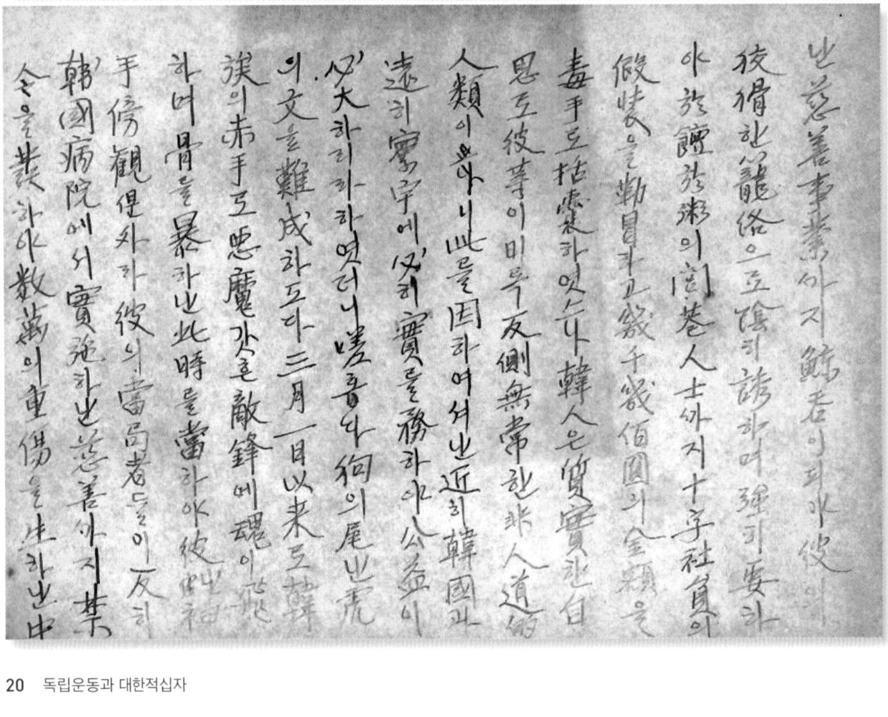

七千의 肝腦도 塗土地自盡케하얏스나 俄人이 俄

謂컨터 十字의 本義가 果然 何에 在한가

我事에 討하 非 巨額의 金錢은 夜히 散

의 勢를 資하야 殺我이 ... 我의

鵠이 ... 失敗된 吾人은 ...

... 此時에 披 ...

況我獨立의 大血戰이 眼膜

... 頭見이 ...

... 布하야 ... 械를 ...

더 何人이 ... 共을 挑하리오 三年의 病에 七年에

... 不得하리 ...

一은 義戰과 不可不常備를 公濟와

... 本社의 宗旨를 爲하야 本社

... 未滿 數月에 內地와 海外에

... 賴하야 本

村志同胞의 同聲相應하샤 ...

... 社의 基本이 ... 本

호도 日斷撅布되 ... 我諸益은 內外

外를 勿論하야 男과 女를로 不拘하시고 萬口

一辭도 同心齊力하셔서 九伢의 一貴를 其

進하심을 千萬勉强하심지어다

대한적십자회 설립인가장(대한민국 임시정부 내무총장 안창호)

1919년

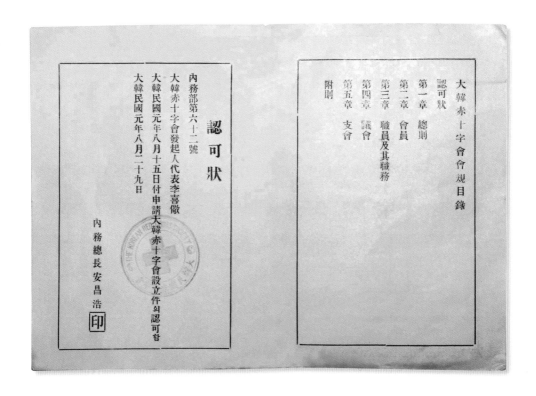

大韓赤十字會令規目錄

認可狀

第一章　總則

第二章　會員

第三章　職員及其職務

第四章　議會

第五章　支會

附則

認可狀

內務部第六十二號

大韓赤十字會發起人代表李喜儆

大韓民國元年八月十五日付申請大韓赤十字會設立件의認可함

大韓民國元年八月二十九日

內務總長安昌浩　印

1-007

대한적십자회 배지
상해

1-008

대한적십자회 태극 인장
이관용이 국제적십자위원회에 제출시 사용한 것

1-009

대한적십자회 메달
멕시코 김익주

대한적십자회 간부와 1회 졸업 간호사들
1920년

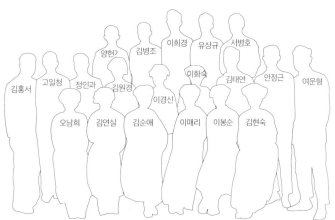

1-012

대한적십자회 간부들과 간호사들

1920년

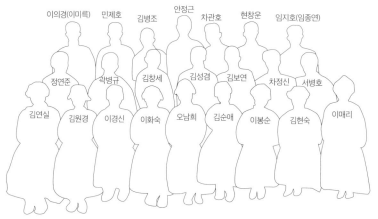

이의경(이미륵) 민제호 김병조 안정근 차관호 현창운 임지호(임종연)

정연준 곽병규 김창세 김성겸 김보연 차정신 서병호

김연실 김원경 이경신 이화숙 오남희 김순애 이봉순 김현숙 이매리

신한민보 1920년 4월 16일자

대한적십자 구호원 양성소(상해)

독립신문(1920. 3. 1)

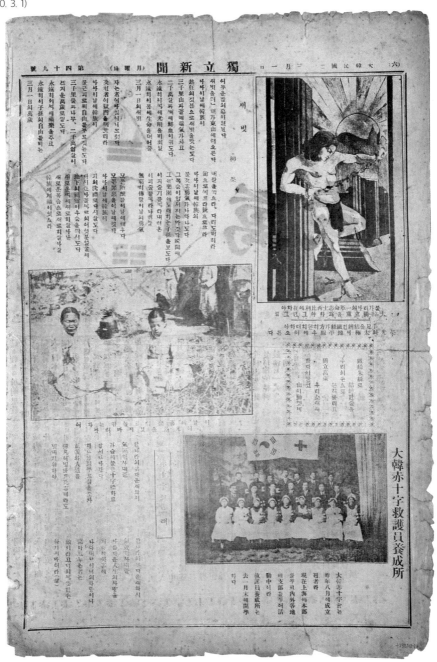

1-015

안창호

대한적십자회 발기자, 임시정부 내무총장
양복의 우측 배지는 적십자 표식으로 추정.
1919년

1-016

이희경

대한적십자회 회장
1919년

1-017

안정근

대한적십자회 부회장
1919년

대한적십자회 간부명단과 회원수

名譽總裁
徐 載 弼 博士
南大韓皇帝顧問

顧 問 部
李 承 晚 博士
大韓臨時政府大統領
李 東 暉 閣下
大韓臨時政府總理
安 昌 浩 閣下
大韓臨時政府勞働總長
文 昌 範 閣下
大韓臨時政府交通總長

大韓赤十字
本 部 職 員
李喜敬————會長
安定根─副會長　徐丙浩─理事長
金泰淵─書記　高一淸─財務部長
玉成彬─監事　金淳愛─監事
本部臨時事務所
中華民國上海

常 議 部
張建相　　玄楯
李光洙　　吳義善
鄒仁果　　孫貞道
姜泰東　　金秉祚
金 輸　　金弘叙
李春塾　　李華淑
金 澈　　金甫淵
元世勳　　李起龍

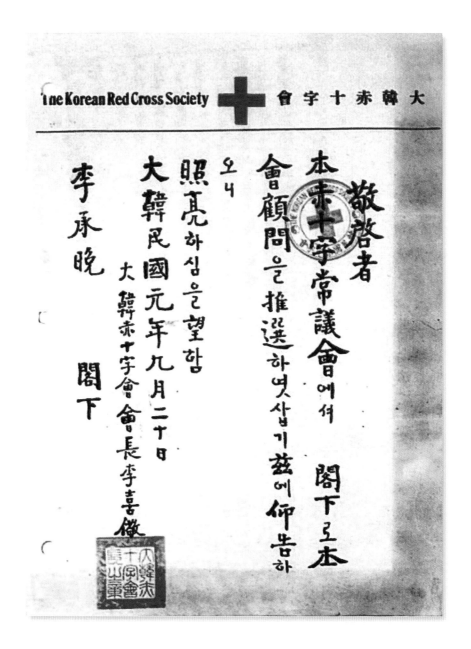

The Korean Red Cross Society ✚ 會字十赤韓大

敬啓者

本赤十字常議會에서

會顧問을 推選하엿삽기 玆에 仰告하

오니

照亮하심을 望함

大韓民國元年九月二十日

大韓赤十字會 會長 李喜儆

李承晚 閣下 로 本 閣下

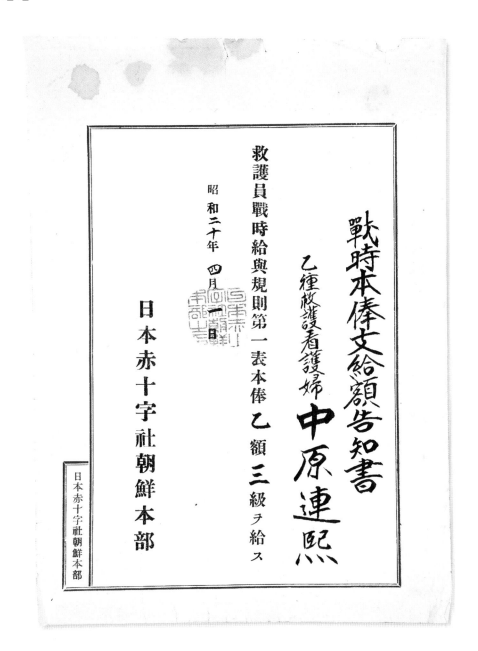

戰時本俸又給額告知書

乙種救護看護婦 中原連熙

救護員戰時給與規則第一表本俸乙額三級ヲ給ス

昭和二十年 四月 一日

日本赤十字社朝鮮本部

日本赤十字社朝鮮本部

해방후
대한적십자사의 조직

1945년 8 · 15광복 후 적십자사 재건운동은 1947년 3월 15일 조선적십자사로 일단 결실을 보았다. 그 후 1948년 대한민국 정부수립에 따라 1949년 4월 30일 공포 시행된 법률 제25호 「대한적십자사 조직법」에 의해 같은 해 10월 27일 대한적십자사가 재조직되었다.

01
조선적십자사
창설준비위원회 결성

일본적십자 조선지부의 조선인 종업원 일동은 조선해방의 이 기회에 조선적십자사를 창설하고자 종로2정목 완영完永빌딩에 사무소를 두고 준비위원회를 결성하여 활동을 시작하였는데 위원장과 위원은 다음과 같다.

委員長	ㅣ	金載玉
常任委員	ㅣ	李衡圭 李昌弘
委員	ㅣ	朴應天 崔淳鎭 姜斗植 宋基煥 朴承鍾

매일신보 1945년 9월 11일

02
조선적십자사
창립, 역원과 위원 선임

1947년 3월 16일 처음으로 발족한 조선적십자사는 다음과 같이 역원과 위원을 선임하였다.

會長	ㅣ	金奎植
副會長	ㅣ	安在鴻 金活蘭
幹事	ㅣ	邊成玉
委員會長	ㅣ	찰스·K·洪(하와이 거주)
委員	ㅣ	兪億兼 李容卨 白象圭 李甲洙 高鳳京 兪珏卿

동아일보, 조선일보, 서울신문 1947년 3월 19일, 1947년 3월 22일

03
조선적십자사의
기구 정비, 역원 개선

조선적십자사는 일본패망 이후 일찍이 1904년 네덜란드 해아海牙에서 개최한 병원선에 관한 조약에 한국을 대표하여 민영찬閔泳瓚이 참석 조인하던 시절로 돌아가 해방직후 일본인이 본국으로 불법 송금한 5백만원을 탈환하는 동시에 조선적십자사 창립대회를 개최하고 각 지방에 지사를 조직하는 한편 5월 28일 본사 기구를 결정하고 역원을 선정하여 활발한 새 활약을 개시하고 있다 한다.

새로 선정된 역원은 총재에 金奎植, 부총재에 安在鴻, 집행위원에는 白象圭 李甲洙 등 제씨라 한다.

경향신문 1947년 5월 28일

04
조선적십자사,
국제적십자연맹에
가입요망 서한 발송

조선적십자사에서는 동사 사업을 국가적으로 전개시키기 위하여 전국적으로 사업체의 조직을 확대하고 제반사업에 노력중 이번에 동사에서는 총재 金奎植씨의 명의로 조선적십자사를 국제적십자연맹에 가입하도록 하여 달라는 요망의 서한을 워싱턴에 있는 미국 국립적십자사내 적십자연맹 총재 빽이실오커너에게 보내었다.

동아일보 1947년 8월 8일

05
대한적십자사의
재조직과 기념식 거행
(1949년 10월 27일)

대한적십자사 재조직 중앙대회가 개막되었다 함은 기보한 바이어니와 25일에는 적십자 운영의 최고 의결기관인 중앙위원회 위원을 선거하고 26일에는 새로 선출된 중앙위원회를 열고 27일에는 중앙청 제1회의실에서 기념식을 거행하였는데, 적십자 총재를 비롯한 임원은 각각 다음과 같다.

△명예총재 대통령 △명예부총재 국무총리
△임원(중앙위원회 선출)
총재 梁柱三(종교계), 부총재 卞榮泰(교육계), 부총재 俞珏卿(종교계), 비서장 玄東完(종교계), 법률고문 李範昇(법조계), 재정감독 吳建永(금융계)

조선일보 1949년 10월 28일

대한적십자사 재조직 기념식은 27일 상오 10시 중앙청 제1회의실에서 개회되었다. 식장에는 명예총재 李대통령, 명예부총재 李국무총리를 비롯하여 申국회의장, 무쵸 미국대사, 프레이저 미군사고문단 대표, 베이컨 대한적십자사 고문, 기타 대한적십자사 고등간호학교 생도 및 내빈 등 약 500여 명이 참석한 가운데 식을 거행하였다. 먼저 국기에 경례, 애국가 봉창, 묵념이 있은 후 양주삼梁柱三 총재로부터 별항과 같은 식사 겸 취임사가 있은 다음 적십자사 연맹으로부터 대한적십자사 및 12개 소지사에 대하여 사기社旗를 증정하였고 이어서 대한적십자사 고등간호학교 생도의 독창이 있었다. 그리고 명예총재인 李대통령으로부터 별항과 같은 요지의 경축사가 있었고 이어서 고등간호학교 생도들의 합창이 있은 다음 명예부총재 李국무총리의 경축사 및 申국회의장, 무쵸 미국대사, 프레이저 미군사고문단 대표의 인사가 있었다. 그리고 유각경俞珏卿씨의 만세삼창으로 뜻깊은 식을 성대히 끝마치었다.

◇ 명예총재 李대통령 경축사

세계 각국에서는 다같이 적십자사를 만들고 전쟁할 때나 평화할 때나 막론하고 고생하는 사람을 구하고 있다. 한국 사람들은 40년 간 적십자사를 못 가졌었는데 미국의 여러분들이 힘을 써서 다시 조직하게 된 데 대해서 감사를 하는 바이다. 그리고 이 적십자사를 운영하는 데는 많은 재정이 필요한데 우리는 이 준비를 하는 동시에 적십자사의 사명을 다하여야겠다.

◇ 양주삼 총재 취임사

대한적십자사는 지나간 4월에 국회에서 만장일치로 통과 선포된 조직법에 의하여 조직된 것이며, 그 조직법은 세계 각국 적십자사에서 사용하는 규정에 기인된 것인 줄 압니다. 대한적십자사가 정신으로는 인류를 대상하였으며 사업으로는 국가와 민족을 대표하는 박애기관이며 동시에 긴밀한 국제관계도 가지게 되는 중요한 기구입니다. 이러한 중요한 기관에 총재의 중임을 맡기시니 너무도 천만 의외입니다.

적십자사는 본시가 하등의 정치성을 가진 바가 없고 단순한 애국성으로 인류와 국가를 위하여 단순한 사회사업에 봉사할 뿐이며 여러분의 협력과 편달하에 이 중요한 사업을 위하여 최선을 다하려고 맹세하는 바입니다. 과거 4년 간에 오늘 이와 같은 정식 조직이 있게 되기 위하여 수고와 후원을 아끼지 아니하신 내·외국 유지 제씨와 직원 제씨에게 사의를 표하며 특히 미국인 고문에 대하여서는 재삼 감사하기를 마지 않습니다.

대개 적십자사는 인류애를 가진 영국여성 나이팅게일 여사가 창립한 것인데[1] 인류

---

1   적십자운동의 창시자는 스위스 사업가 장 앙리 뒤낭이다. 그는 '솔페리노의 회상'(1862년)에서 적십자 설치와 제네바협약 체결을 제안했다. 이를 계기로 1863년 근대 최초의 인도주의 기관인 국제적십자위원회(ICRC)가 탄생했고, 1864년 최초의 제네바협약이 체결되었다.

애는 인간마다 있는 것이므로 각국 민족이 동감하고 호응하여 국가마다 적십자사가 조직되게 된 것입니다. 이와 같이 우리 나라에도 조직된 것은 필연적이라고 하겠습니다. 적십자사는 인간으로서 당하는 모든 불안 즉 전쟁과 天災와 화재와 旱災와 수재 등으로 인하여 생기는 모든 피해자를 응급치료하며 간호 구휼할 뿐더러 국민의 일체 보건후생 사업까지 할 것을 목적하였습니다.

제1차 세계대전과 제2차 세계대전을 통하여 적십자사의 필요와 功效를 세계가 확실히 깨닫고 절실히 느끼게 되었습니다. 그러므로 거국적이요, 거족적이어야 그 책임을 감당하게 될 것입니다. 그런 중에도 대한적십자사는 지금 새로이 되느니 만큼 먼저 정부의 특별한 후원이 없으면 그 목적과 사업을 달성하려고 노력하기에 장해가 많이 있을 것입니다. 그런고로 우리 3천만 동포에게 협력과 편달을 호소하는 동시에 특별히 우리 정부의 적극적 원조와 편달을 간청하는 바이다.

◇ 景武臺에서 다과회, 적십자사 간부 초대

적십자 조직이 끝난 27일 하오 4시 40분부터는 李대통령이 적십자사 간부 직원들을 위로하고자 위로 다과회가 경무대에서 열리었다. 李국무총리, 申국회의장, 金내무부장관, 金·尹 양 국회 부의장을 비롯한 정부요인과 梁적십자사 총재를 비롯한 지방 적십자간부들 약 100명이 참집하였는데 다과회는 대통령부인이 몸소 손님접대를 하는 등 가족적인 부드럽고 아름다운 풍경이 벌어졌다. 다과회가 끝난 다음이 李대통령 부부는 일동을 후원으로 인도하며 연못가에서 대통령은 "아 이놈들 사람이 많아 무서워서 안 먹나……"하면서 魚族들을 지극히 사랑하는 장면도 잊을 수 없는 장면이었을 것이다. 이어 기념촬영이 끝난 다음 하오 5시경 다과회를 끝마쳤다.

서울신문 1949. 10. 28

2-001

조선적십자사 김규식 초대 총재
1947년

조선적십자사 서재필 2대 총재 연설 모습

조선적십자사 서재필 영구 회원증

1948년, 독립기념관 소장

조선적십자사 창립위원증
1947년

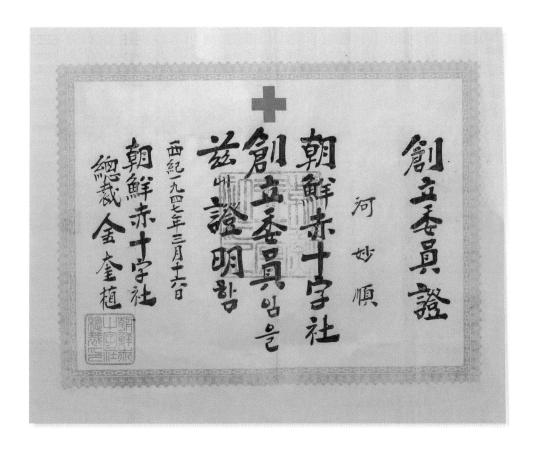

2-005

조선적십자사 제주지사 장정

1947년

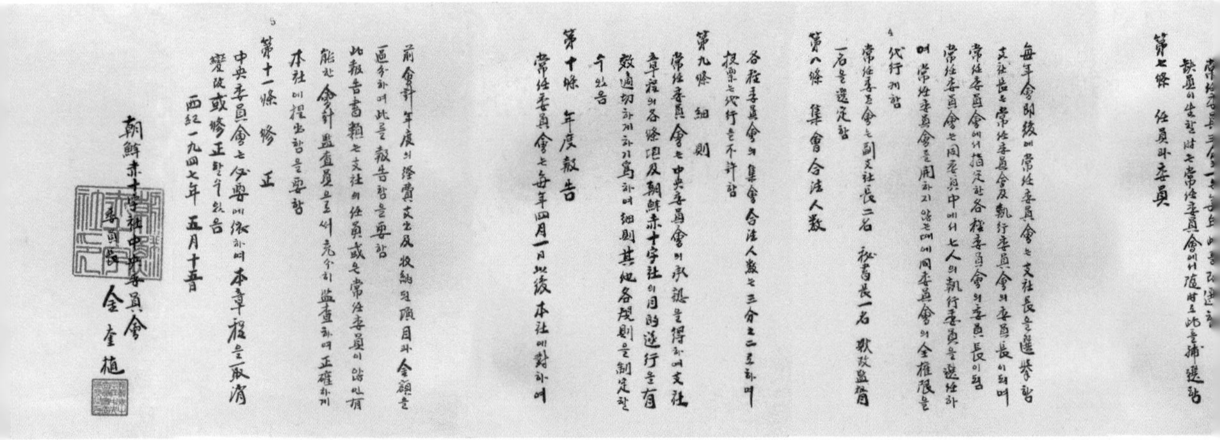
缺員이 生할 時는 常任委員會에서 隨時로 此를 補選함

第七條 任員과 委員

每年會期後에 常任委員會는 支社長을 選擧함
支社長은 常任委員會及執行委員會의 委員長이 되며
常任委員會에서 指定한 各種委員會의 委員長이 됨
常任委員會는 同委員中에서 七人의 執行委員을 選任하
여 常任委員會를 開하지 않는 때에 同委員會의 全權限을
4
代行케 함
常任委員會는 副支社長 二名 秘書長 一名 財政監督
一名을 選定함

第八條 集會合法人數

各種委員會의 集會合法人數는 三分之二로 하며
投票는 代行을 不許함

第九條 細則

常任委員會는 中央委員會의 承認을 得하여 支社
章程의 各條項及朝鮮赤十字社의 目的遂行을 有
效適切하게 하기 爲하여 細則 其他 各規則을 制定할
수 있음

第十條 年度報告

常任委員會는 每年 四月 一日 以後 本社에 對하여
前會計年度의 經費支出及收納된 項目과 金額을
區分하여 此를 報告함을 要함
此報告書類는 支社의 任員 或은 常任委員이 않인 有
能한 會計監査員으로서 充分히 監査하여 正確하게
本社에 提出함을 要함

5

第十一條 修正

中央委員會는 必要에 依하여 本章程을 取消
變改 或 修正할 수 있음

西紀 一九四七年 五月 十日

朝鮮赤十字社中央委員會
委員長 金奎植

朝鮮赤十字社濟州支社章程

朝鮮赤十字社濟州支社章程

濟州道內에居住하는右望이늘는 公益精神을保持
社랑은 指導者들은 이에 朝鮮赤十字社支社를 創設
을希求하렴으로 萬國赤十字社社員
會及赤十字聯盟의基本精神及 제반規約에依하
諸精神을遂行하는 永久的인慈善機關設置의
必要를認識하여 이에 朝鮮赤十字社中央本
會五支社組織에關한指示에履行하여
음으로第一條社載의組織을 濟州道에支社를
設置함

第一條 組織 委員
　　朴明勳　李漢喆　金希沐　高昌基
　　玄景昊　朴漢柱　金石煥　文鍾赫　羅濟平
　　　全德訓　廉景彼　林基準　全泰珍
　　張敦珣　蔡和玉　宗文熙　高秦善
　　宗善雄　崔貞敏　金瑞玉　韓麗澤　李順德

第二條 名稱
　　本支社의名稱은朝鮮赤十字社濟州支社라稱함

第三條 管轄
　　本支社의管轄地域은濟州道地域으로함

第四條 目的
　　本支社의目的은朝鮮赤十字社憲章에記載된바와
　　같
　　但 中央委員會에서決定한特別事業及中央委員會
　　에서決定한事業을包含함

第五條 社員
　　朝鮮內에居住하는者는 性別 人種別 國籍別 宗教別 或
　　敵愾思想如何를不問하고本支社管轄地域內에居住하
　　七者는本支社의社員이될수있음 社員의權別은 中

第六條 常任委員會
　　央委員會에서決定起草하여 別과同一함

조선적십자사 응급구호법 책자
1948년

2-007

응급구호법 표장

1948년

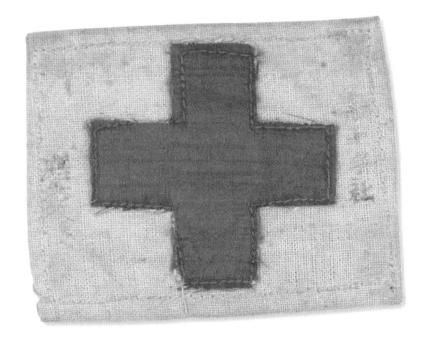

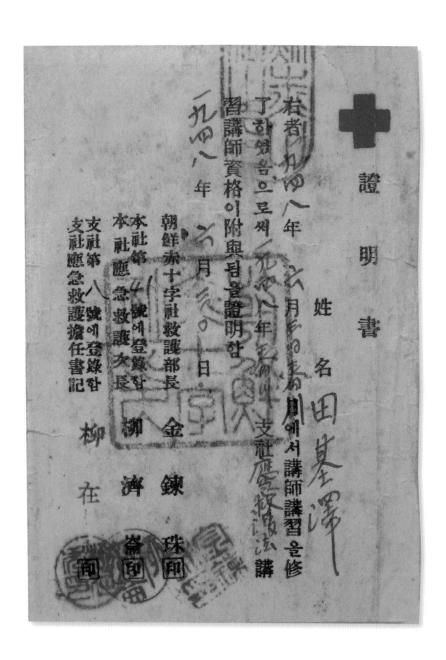

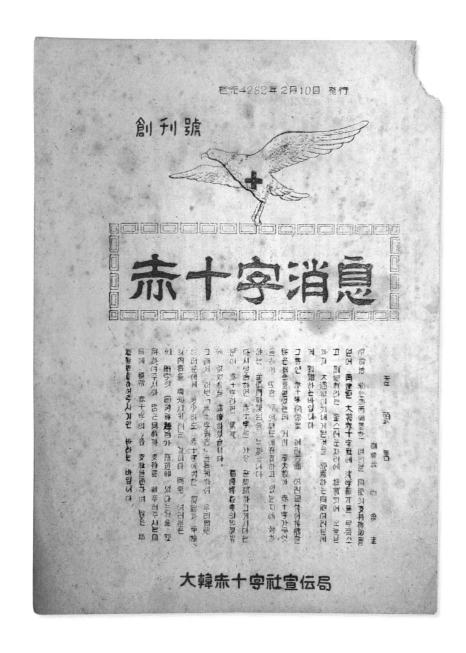

2-011

적십자소식 창간호

1949년 2월 10일

~1~

大韓赤十字社의 使命

事務總長 孫金聲

檀紀四二七九年 三月二六日 美軍政下에서 우리 赤十字社가 創立된以后로 本來 赤十字事業에 經驗이적은 우리로서는 세가지困難한 問題를 解決치않으면 않되게되였다。첫재, 그 組織과 運營方針에 있어서 자칫하면 日政時代의制度를 踏襲하려는 傾向이오。둘재, 國內事情에 調和되기 어려운 制度를갖이고 그 實際運營에 있어 자칫하면 萬國赤十字聯盟規約에 背馳되려는 傾向이요。셋재 以上의 두問題와 우리 一般國民의 赤十字事業에 对한 認識不足으로 因하여 擧國的協力을 얻기가 어려웠든 것이다。이 세가지難関으로 起因한結果는 昨年 社員募集의成績이다。그時期는 五·十選擧前后의 國內事情이 尋常치않았을 그때이었고 또 무었보다도 이같은 擧國的社員募集運動에있어서는 政府의 全幅的協助가 絶大로 必要함에도 不拘하고 軍政時代의 內政不干涉이란 自家辯明의態度로서 이運動에 所期의援助를 받지못하였든 것이다。同時에 日政時代에 一般國民側으로서는 過去 日政時代의 赤十字觀念이 아직도 그 記憶에 남어있어 眞正한 認識을 얻기 어려웠든 것도 事實이다。

大韓民國의 樹立과 同時에 우리 赤十字는 새로운認識과 새로운進路를 取할時機가 到来하였다。國際的情勢로 보아 우리 赤十字의使命은 前보다 重大하여졌고 國內事情을 보아 우리 赤十字의使命은 달은 나라와 그것보다 더 重大할것이다。

이제로부터 우리의使命을 完遂코저 우리는 먼저 以下의 몇가지要点을 서로 理解하기 바란다。

① 赤十字事業과 우리政府와의 關係!

赤十字는 政府의 한 機關도 않이요, 官制赤十字社도 않이다。赤十字社는 政治, 思想, 人種, 宗教, 党派等의 派閥을 떠나서 活動하는 國內的 國際的 事業体인 民間機関이다 그러나 政府의事業을 協助하며 또 政府의援助를 받음에 互相不可分의 関係를 갖이게되는点은 어떠한 民間機関보다 더욱 密接한것이다 故로 赤十字憲章에 大統領은 必然的으로 赤十字社의 名誉總裁가되여 總裁를任命하며 憲章을 変更或은取消할 權限이 賦與되여 있는것이다。그뿐않이라 名誉總裁와 國会는 一定数의 理事를 任命하게되여 있고 內務, 國防, 社会, 法務, 財政, 五部의長官으로 하여금 本社의 十八人 中央委員中에 一員으로 任命하게 되였고 本社의 会計監督는 財政部長官이 擔当케되여 있다。

以上으로 보아 赤十字가 비록 政府의一機関은 않이라 하더라도 大統領에게 賦與된 그 權限과 政府五長官의 直接責任等을 観察할때는 民間事業団体로서 赤十字社같이 政府와 密接한関係와 互相関係를 갖은機関은 없을것이다。

② 赤十字와 國際関係!

赤十字社의 憲章은 반듯이 國会의承認을 받게되

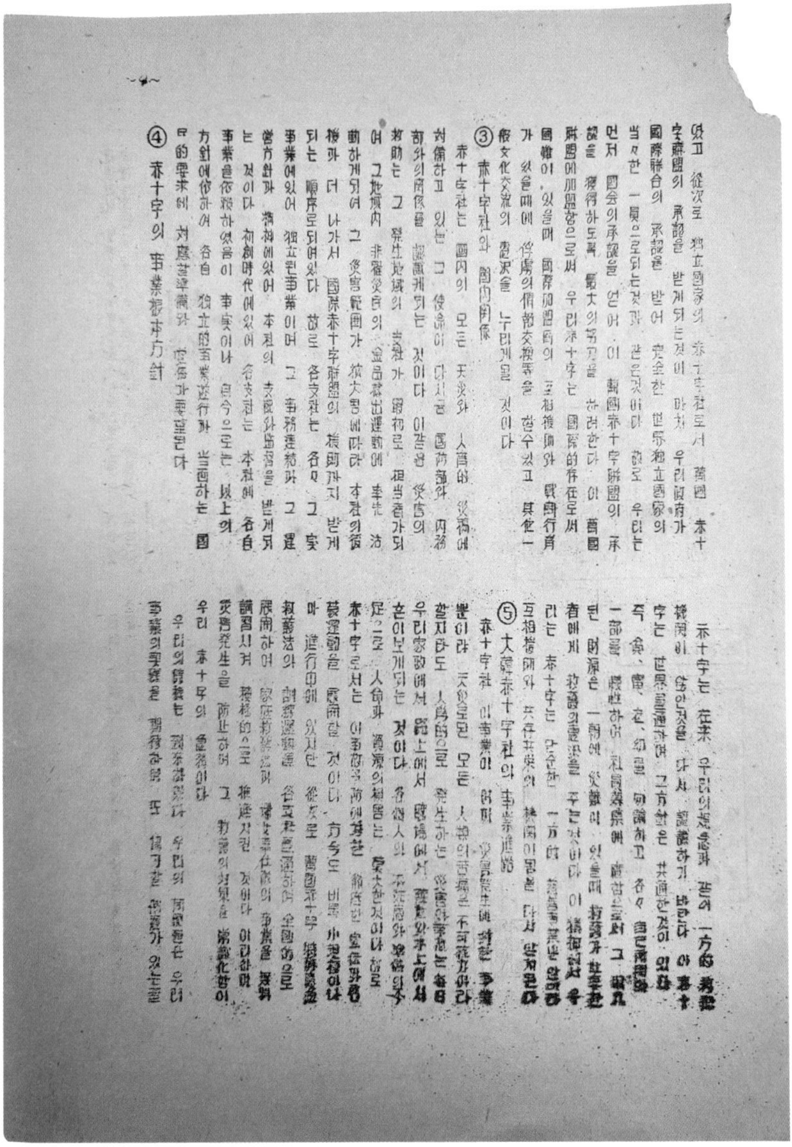

적십자소식 창간호

1949년 2월 10일

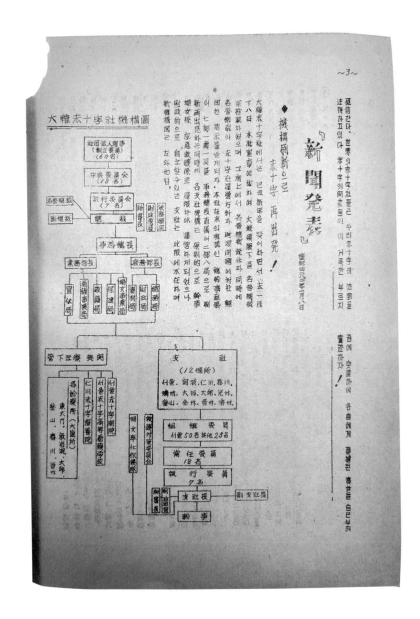

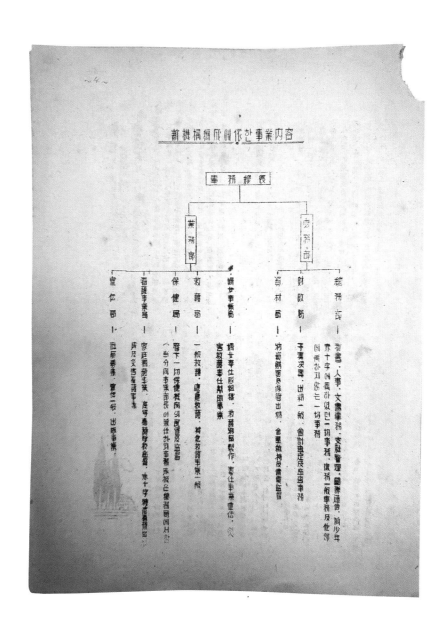

적십자소식 창간호

1949년 2월 10일

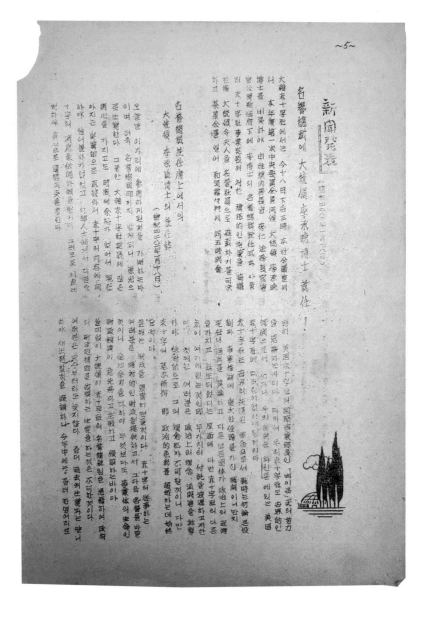

2-016

적십자소식 창간호

1949년 2월 10일

몽치서 率先 再言하노니 國民諸位의 全力을 기우려 一般 社会에 徹底히 좋은 認識을 普及시킴에 힘써야할 것이다 언제든지 赤十字에 对하야는 나自身은 힘있는대 三弱識을 다하야 協助할 것을 盟誓하노니 언지나 기다리고 있겠으니 協調를 求하면 여러분과 함있는데까지 일하겠다

돈있는 사람에게 協力을 提唱하여라 나自身도 같이 協調提唱하겠노라 다만 힘쓰실분은 여러분일것이나 여러분의 힘이 더 重大하다 이로서 우리는 다같이 힘끝 推進하여 以上 말씀한 두가지 付託에 힘써서 가면 이것이 即 美國赤十字社에 잘 報告되어 우리의 좋은 形便대로 世界赤十字의 一員으로 되어 잘 되어 갈것이라고 確言하는바이며 오늘날의 名誉総裁 就任의 人事를 드리는바이다.

新聞発表

檀紀四二八二年二月十日

◆ 叛乱地區 麗水와 全國支社地域内 細窮民에 救護物資로 衣類 一二,九三三 点을 配付함!

赤十字社의 平時事業으로 國內同胞의 災害를 輕減케 하고 貧困한 同胞를 救濟하야 國民의 生活水準과 文化水準을 向上하고저 가진 物的制限을 克服하면서 本來의 使命完遂에 最善의 努力을 다하여온 大韓赤十字社에서는 己丑新春을 맞이하야 本格的으로 닥쳐오는 추위에 더욱이 同族愛로서 招撫하고 挙族的으로 絶対的 救援을 要望하는 叛乱의 災禍를 입은 麗水地区를 비롯하야 집잃고 굶주림에 떨고있는 가엾은 同胞들을 救力이나마 全國的으로 救護하고저 各支社地域災害救護対策委員会 推薦에 依한 管內細民窮民에게 衣類 一二,九三三 点을 府內에 配付하기로 되어 優先 今十日에는 本社 金錬球 救護局長 黄南顧 宣伝局長이 麗水地区로 向発하는 同時에 追後 各支社派遣員 氏名은 다음과 같다

特히 이 救護物資는 解放後 우리 겨레를 爲하야 物心両面에 걸쳐 끊임없는 支持援助를 하여주는 美國赤十字社로부터 보내온 物資中의 在庫品全部를 이 機会에 一齊히 나누어주는 것으로 이말을 傳聞한 一般은 모다 感謝하여 同胞愛에 感泣하는 한便 本社에서는 救護物資의 輸送配付等에 関하야 要路当局의 積極協力을 要望하고있다 그리고 救護物資의 分配地域 日字 点数別은 다음과 같다.

地域	日時	点数	担当者
麗水	一二日-一七日	三,〇五五	金錬球 黄南顧
서울	二五日-三一日	六,〇九七	吳在根 柳濟崙
光州	一九日-二二日	五二一	黄南顧 朴泰奎
大邱	一九日-二二日	一,四一三	金錬球 柳濟崙
釜山	二五日-二五日	一,四一二	金錬球 柳濟崙
清州	二五日-二九日	三八四	黄南顧 朴泰奎
春川	二四日-二七日	一,四一三	吳在根 魯能瑞
晋州	二五日-三一日	二九九	金錬球 柳濟崙
仁川	二〇日-二二日	一,四一三	吳在根 魯能瑞
開城	三月一日-五日	七四八	金錬球 柳濟崙
全州	未定	―	
大田	二月二〇日-二五日	一,一七八	黄南顧 朴泰奎

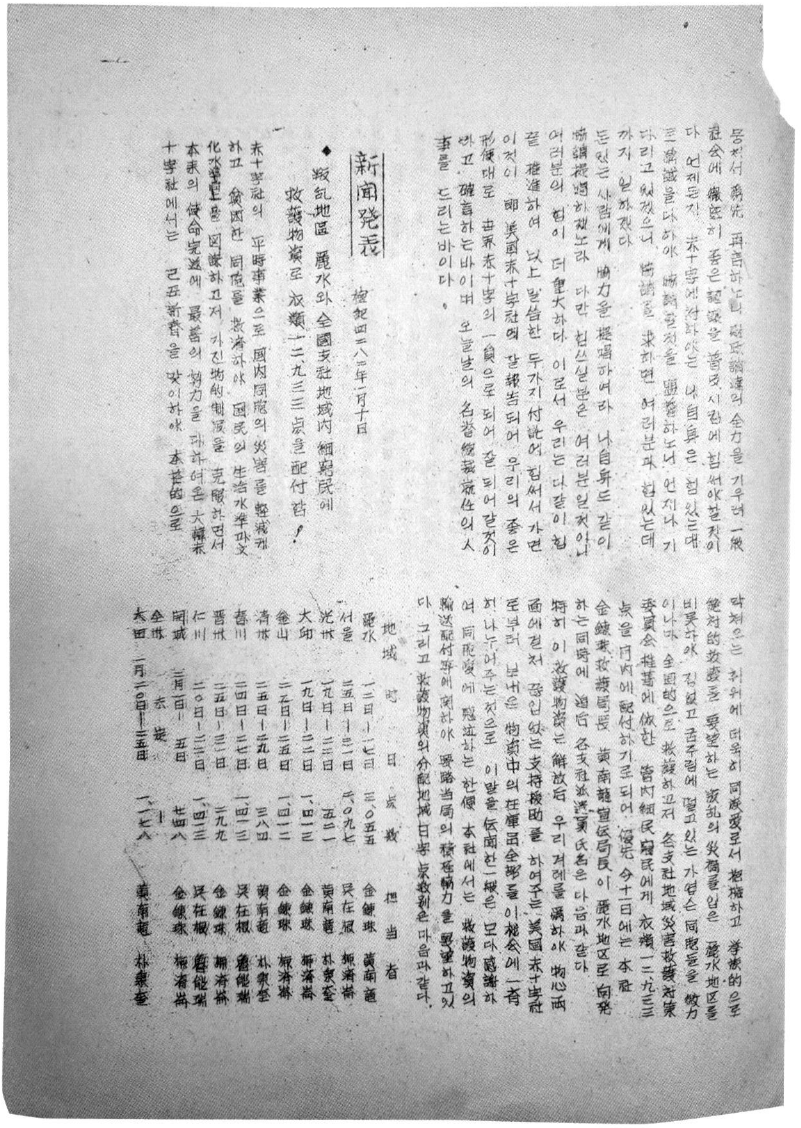

◎ 赤十字의 特別基金募集 展開!!

方今 緊迫한 國內實情에 비추어 赤十字事業의 急速한 推進이 要望되고 있음으로 赤十字中央委員會에서는 이에 對한 赤社의 名譽總裁겸 式을 契機로 過般 一月 十八日 大統領의 赤十字社 閣議附議 方案을 檢討又한 結果 二月三日에 열린 特別委員會에서 中央과 地方의 赤十字事業 合席公議에서 各支社에 閉係되는 赤十字社委員會 特別委員이 率先하여 特別基金을 收集코자하여 壹千萬圓을 目標로 中央委員及任瑞員이 近々 各支社 一致司決 決定되어 基金收集에 着手키로되었으니 各支社 責任者는 이에 對하여 準備工作에 着手하여 甚大한 中央에서 當委員회 決한 地方에 出張하여 近々通知가 있을것임.

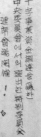

◎ 赤十字事業資(金)調達을(爲하)
中央委員會에서의 密出된 特別委員會 連席會議開催!!

第一次特別委員會는 一月二十三日 下午二時 本社會議室에서 開催 外金總出席下에 本社會議室에서 開催

委件은 서울支社外 本委員會外 特別基金 收金支社 副當額 一千萬円 中에서 一円에 五〇〇萬円을 本委員 資金調達運動을 展開하기로되어 各支社別로 本委員案에 招請하여 地方案을 明瞭하기로되었음

◆ 第二次特別委員會는 一月二十四日 下午二時 本部會議 室에서 白斗鎭 朴容善氏 出席下에 開催

委件은 ① 過般 中委에서 討議된 決定 主白莊 金本社 地域別當 責任 地域 韓鄉鎭 勇担하고 義損五〇〇萬円을 全任員과 各支社別 各支社에서 比重型論씨 定送지 못할時 期當히 하야 勸誘된 各支社에 그밖에 人口比例(自分比)에 依하여 收集키로되었음 (晉晉川支社)

≪大韓赤十字社支社一覧表≫

支社名	所在地	管轄地域
서울支廳	서울市	서울市一圓
仁川 "	仁川府	仁川府富平郡
開城 "	開城府	開城府開豊郡
春川 "	春川府	春川府楊原郡
浦項 "	浦項府	浦項府迎日郡
晉州 "	晉州府	晉州府晉陽郡
大田 "	大田府	大田府大德郡
大邱 "	大邱府	大邱府達城郡
釜山 "	釜山府	釜山府東萊郡

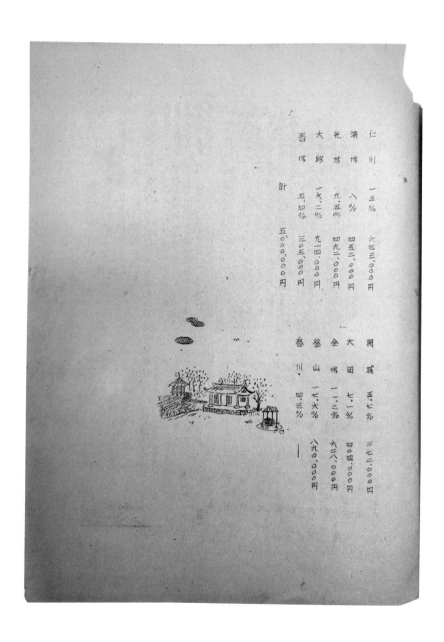

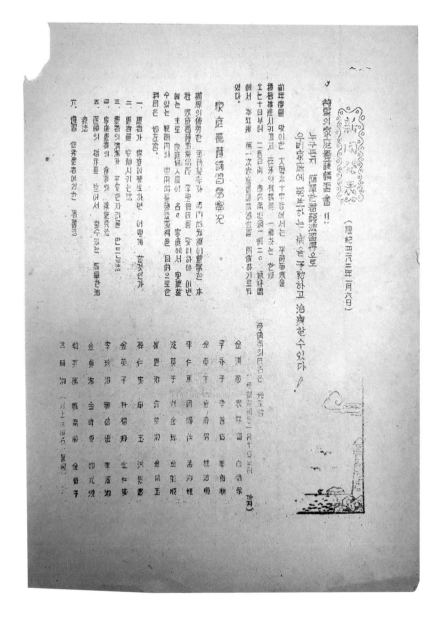

2-020

적십자소식 창간호

1949년 2월 10일

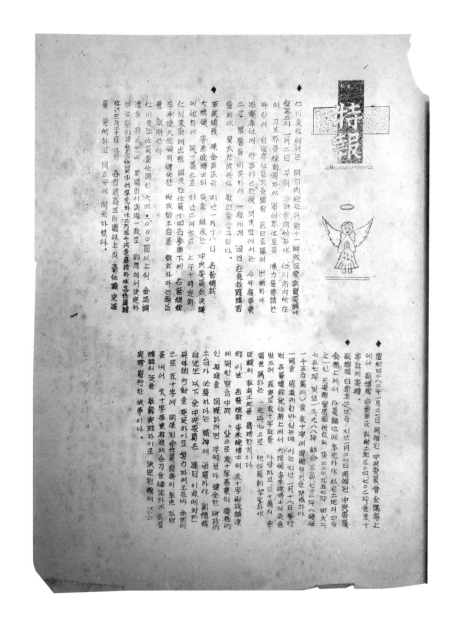

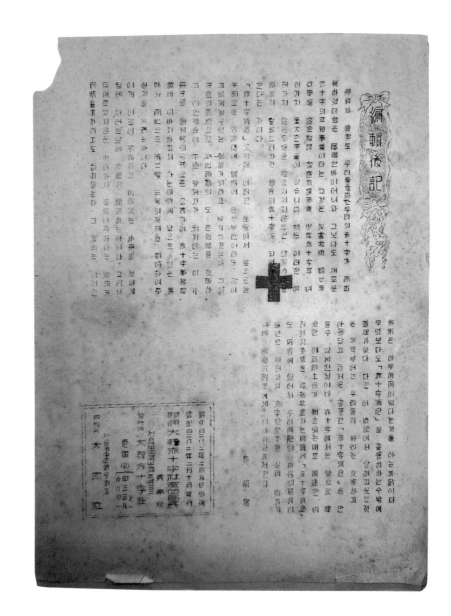

대한적십자사 회원모집 취지서

1949년 11월

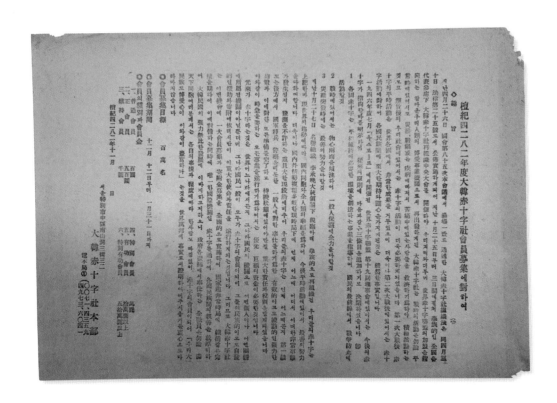

2-023

대한적십자사 재조직 기념 사진(대한적십자사 별관)

1949년 10월 27일

청소년 적십자

1954년 12월

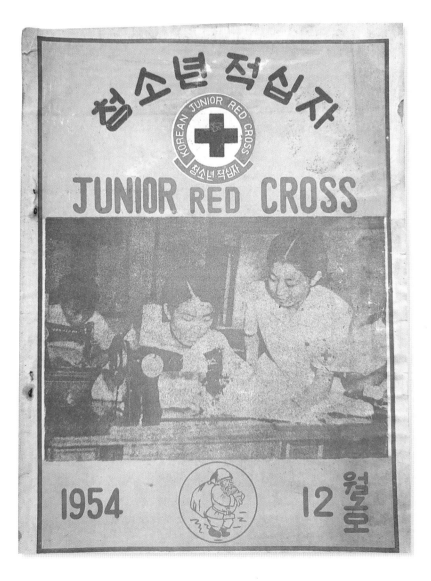

해방후
조선적십자사의 조직

북조선적십자사는 1946년 10월 18일 결성되었다. 1948년 정권수립과 함께 '조선적십자회'로 개명되었으며, 지도기관으로는 대회·중앙위원회·상무위원회가 있다. 조직기구는 위원장 아래 14명의 부위원장, 9명의 상무위원, 1명의 서기장 등을 두고 있으며, 하부조직으로 평양·개성·남포 직할시와 각 도에 위원회를 두고 있다. 산하에 중앙적십자병원이 있다. 한편 조선적십자회라는 명칭은 노동신문에는 1950년 3월 7일자에 처음으로 등장하고 있다.

01
북조선적십자사의 조직
(1946년 10월 18일)

—

로동신문 1946. 10. 26.

북조선림시인민위원회가 북조선
적십자사 조직에 관한 결정서를
발표하였다.

北朝鮮赤十字社
組織의 決定書

一, 一九四六年五月二十五日 北朝鮮保健聯盟創立總會席上에서 創立을 決定한 北朝鮮赤十字社制度確立委員會의 事業을 承認한다

二, 北朝鮮赤十字社 中央委員會는 金枓奉, 張時雨, 李承燁, 金策, 崔鏞健, 金鎔範, 張海友, 鄭道鉉, 李徽, 金日成, 姜良煜 等으로 引織한다

七, 北朝鮮各政黨, 社會團體는 北朝鮮赤十字社組織及其事業推進에對하여 積極援助하기를 要請한다

一九四六年十月十八日
北朝鮮臨時人民委員會
委員長 金日成
書記長 姜良煜

북조선적십자사 조직의 결정서

　박애의 정신 밑에서 평시에는 물론 전쟁 시에도 제나라 군사나 적의 군사를 묻지 않고 다 같이 부상당한 병사를 구호할 것을 약정하여 전 세계적으로 조직 실시된 적십자사를 우리 북조선에서도 조직할 필요가 있음에 비추어 북조선림시인민위원회에서는 10월 18일 북조선적십자사 조직에 관하여 다음과 같은 결정서를 내었다.

　북조선림시인민위원회 결정 제100호 북조선적십자사 조직에 관하여
　북조선림시인민위원회는 김일성대학 리성숙박사의 북조선적십자사 조직에 관한 보고를 듣고 그 조직 창립의 필요성을 인식하는 동시에 다음과 같이 결정한다.

1. 1946년 5월 25일 북조선보건련맹 창립총회 석상에서 만장일치로 결정된 좌기 북조선적십자사 창립위원을 승인한다.
　장기려, 리상빈, 허신, 김승엽, 한도준, 임구형, 김상민, 최창석, 리성숙
2. 북조선적십자사 창립 중앙위원장으로 리성숙, 부위원장으로 리상빈, 최창석 제씨를 지명한다.
3. 조직사업에 대한 원조로써 북조선림시인민위원회는 금십만원을 북조선적십자사 중앙위원회에 지급한다.
4. 도 시 군 인민위원회는 각 그 도 시 군 적십자사 조직에 대하여 재정적, 물질적, 기타 제반 원조를 주기를 지시한다.
5. 과거 일본적십자사에 소속되어있던 일체 사업기관을 북조선적십자사에 위임 인계케 한다.
6. 북조선적십자사에서 조직 기획하는 사업단체에 대하여는 면세한다.
7. 북조선 각 정당, 사회단체는 북조선적십자사 조직 및 그 사업에 대하여 적극 원조하기를 요청한다.

1946년 10월 18일
북조선림시인민위원회
위원장 김일성
서기장 강량욱

02
소련적십자병원
함흥에 개원

–

로동신문 1946. 12. 18.

소련적십자병원을 함흥에 개원
하였다.

쏘련적십자병원 함흥에 개원

전 세계약소민족의 진정한 해방자인 붉은군대는 여러가지로 우리 민주과업 실시에 후의와 원
조를 주고 있는 오늘날 또 금번 의료단을 북조선에 파견하여 보건사업으로 원조하고 있다.

함흥시내 독립리에 쏘련적십자병원이라는 아직 '뺑끼' 냄새가 풍기는 간판을 걸은 건물이 바
로 이것이다. 지난날 이 병원을 방문하여 내용을 알아보았다.

이 병원은 쏘련적십자사의 방조로서 11월 21일 개원하였는데 과목은 외·내·안·산부인, 피
부, 이비인후, 소아·치·성·병, 렌트겐의 각 과를 두고 의사는 10명 중 박사 4명이고 간호부
는 전부 조선 녀성들이고 원장은 '싸칼레까' 소좌가 담임하였는데 이 병원의 특징은 조선 인민
에 한하여만 입원을 허하고 환자에게는 식사 속옷(내의) 등을 대여하고 환자들의 영양을 위하여
서는 축돈까지 하고 의료비 기타를 합하여 1일에 15원이라는 영가이며 약국에는 약이 완비하
였고 혈액병균 배설물 기타 일체의 과학적 검사를 실시하기 위한 설비도 완비되어있다. 그리고
끝으로 이 병원은 1년에 60명씩 간호부를 양성하여 사회로 보낼 의무도 부하하고 있다.

북조선적십자사 흥남지부를 결성

–

로동신문 1947. 2. 7.

북조선적십자사 흥남지부를
결성하였다.

북조선적십자 흥남지부 결성

　민주 새 조선 건설도상에 있어서 산업 부흥의 중심지이며, 공업 발전의 심장지인 공도 흥남의 보건시설을 확대 강화시키기 위하여 흥남시 보건과에서는 지난 28일 오후 1시부터 시내 중앙인민학교 강당에서 각 정당 사회단체 대표자 30여 명 참석하에 북조선적십자사 흥남지부를 결성하고서 보건과의 약계장 최봉상씨로부터 북조선적십자사 결성에 대한 상세한 경과 보고와 아울러 취지 설명이 있었는데 이에 호응하여 여러 군중으로 하여금 우리 사회문화 향상에 있어서 최대의 추진력이 되는 의료기관을 하루속히 촉진시켜야 될 것을 맹세하고 오후 3시 폐회하였다.

04
북조선적십자사
평양지부를 조직

–

로동신문 1947. 2. 15.

북조선적십자사 평양지부를
조직하였다.

북조선 적십자 평양지부 조직

북조선적십자사는 그간 지방지부의 조직에 힘쓰고 있던바 지난 10일에는 평양특별시지부의
조직을 보게 되었는데 지부위원을 다음과 같이 선출하고

1. 북조선적십자사 규약에 의한 사업부서를 2월 15일까지 결정할 것.

2. 각 정당 사회단체와 긴밀한 협력 밑에 4월 말일까지 특별사원 1천명과 정사원 2만명을 획
득할 것 등을 결정하였다.

위원장 리동영
부위원장 손창숙
부위원장 박근모
서기장 오중근 외 위원 7명

05
북조선적십자사
제3차 중앙위원회 개최

–

로동신문 1947. 6. 20.

북조선적십자사 제3차 중앙위원
회를 개최하였다.

의료기술자 양성

북조선적십자사는 6월 7일 오전 10시부터 김일성대학 의학부 강당에서 제3차 중앙위원회를 개최하고 오는 6월 20일부터 6월 30일까지를 선전주간으로 정하고 방역사업과 결부시켜 널리 적십자사의 취지를 선전할 것과 모범목욕탕 리발소 약국을 각 도와 특별시에 각각 1개소 리상을 7월 15일까지 완비할 것을 결정하고 또 하기방역사업에 적극 참가시키기 위하여 단기방역원 강습을 할 것과 간호원 소독원 기타 의료기술자 양성을 7월 1일부터 개시할 것을 결정하였다. 다음으로 규약의 일부와 직제 정원을 개정할 것을 토의 결정하였다.

06
조선적십자회 명의의 사설발표

–

로동신문 1950. 3. 7.

조선적십자회 초급단체 지도기관 선거 협조를 촉구한 사설을 발표하였다.

사설

조선적십자회 각급 지도기관 선거사업을 협조하자

조선적십자회에서는 오는 3월 11일부터 5월 초순에 걸쳐 각급 지도기관 선거사업을 실시하게 되었다.

주지하는 바와 같이 조선적십자회는 자본주의 제 국가의 적십자회와는 근본적으로 다른 인민적 성격을 가지고 1946년 10월 18일 북조선림시인민위원회 제100호 결정으로써 창립되었다.

자본주의 제 국가의 적십자회는 기만적인 부르죠아 박애주의와 인도주의로 가장하고 반동지배층과 제국주의 군대에 충실히 복무하면서 침략전쟁을 방조하기 위한 전시사업에만 치중하고 평시사업을 극히 국한된 범위에서 그나마 인민의 리익을 위한 것이 아니라 자선사업의 간판 밑

조선적십자회 각급지도기관 선거

사업을 협조하자

에 반동화한 자기 본질을 음폐하며, 반동지배층에 대한 인민들의 반항과 투쟁을 마비시키려는 수단으로 리용되고 있다.

그러나 해방 후 인민주권의 수립과 제반 민주개혁의 실시로 인민민주제도가 확립된 공화국 북반부에 새로이 창립된 조선적십자회는 고상한 인민민주주의적 도덕성과 국제주의사상에 기초하여 전시구호사업보다 평시적인 보건문화사업에 중점을 두고 국가보건정책을 적극 협조 실천하며, 대중적 위생훈련사업과 중등 및 초등 보건간부양성사업과 군중보건문화사업을 광범히 전개하고 각종 재난시의 구제 및 구호 사업을 조직 실시하는 것을 자기의 기본 목적으로 하여 오직 조국과 인민을 위하여 충실히 복무하고 있다.

그렇기 때문에 조선적십자회는 창립 첫날부터 전체 인민들의 열렬한 지지와 찬동을 받아 창립 후 불과 3년 유여밖에 안 되는 짧은 기간에 146만여 명의 회원과 2만 4백여 개소의 각급 조직을 포용한 대중적 사회단체로 장성 발전되었으며, 또한 이와 같은 군중적인 기초 위에서 각종 보건문화사업을 광범히 조직 실시하여 거대한 성과를 거두고 있다.

조선적십자회는 현재 북반부 각지에 치료기관 약국 등 비롯한 160여 개소의 보건문화시설을 설치 운영하고 있으며, 간호원 위생방호원 위생훈련원들을 이미 3만여 명 양성하였다.

또 390여 개소의 위생초소를 생산직장 농촌 학교 등에 설치 운영하고 있으며, 일상적으로 방역협조사업과 위생선전사업을 광범히 전개하는 동시에 무료 진료 결핵 및 마라리아 퇴치, 농촌 계절 탁아소사업 등을 광범히 조직 실천하는 한편, 양육원을 설치하여 고아들을 수용하고 있으며, 소위 국방군의 불법 침공으로 인하여 피해를 입은 38접경지대의 주민들에 대한 구호사업을 실시하여 그들에게 많은 방조를 주고 있다.

그리하여 오늘 조선적십자회는 조국의 통일 독립과 민주화를 위한 투쟁과 함께 공화국 북반부의 보건문화기지를 튼튼히 구축하며, 인민들의 보건문화생활을 향상시키기 위한 사업에 있어서 커다란 업적을 쌓아놓았으며 인민들 속에서 그의 신망이 날로 높아가고 있다. 그러나 이와 같은 업적과 성과들은 적십자사업의 기초를 닦아놓은데 불과하며, 앞으로의 더 높은 발전을 위한 첫걸음을 내디딘데 불과한 것이다.

오늘 우리 인민들은 적십자사업에 대하여 더 많은 것을 요구하고 있으며 또 기대하고 있다.

더우기 조국의 평화적 통일 방책의 실현을 위한 거족적인 투쟁에 있어서 북반부의 민주기지를 일층 공고 발전시키며, 전쟁 도발자를 반대하고 평화를 옹호하는 투쟁과 평화적 조국 통일을 위한 투쟁을 밀접히 결부시켜 조국전선 주위에 전체 군중들을 일층 더 광범히 집결케 하며, 그들의 투쟁력량을 고도로 발휘시키기 위한 과업이 어느 때보다도 중대하게 제기되어 있으며, 또한 북반부 인민들의 물질문화생활의 향상과 함께 그들의 보건문화생활에 대한 높아가는 요구를 충족시키기 위한 과업이 나서고 있었다.

그러므로 조선적십자회는 앞으로 광범한 군중을 조직 발동하여 인민경제계획 달성을 더욱 성과적으로 비롯한 각종 보건문화사업 협조 보장하기 위한 방향에서 치료예방사업을 기한 전에 초과 완수할 뿐 아니라 일층 질적으로 제고시켜야 할 것이다.

또한 대중적 위생훈련사업 중등 및 초등 보건간부양성사업 기타 군중보건문화사업에 더 많은 관심을 돌리여 이를 광범히 조직 실시하는 동시에 특히 생산직장 내의 적십자 사업을 더욱 강화하며, 농촌에 대하여 깊은 관심을 돌려 농민들의 경제적 여유력을 보건문화사업 발전에로 유도하도록 하여야 할 것이다.

조선적십자회 앞에 제기되어 있는 이와 같은 중대한 과업들을 성과 있게 실천하기 위하여서는 무엇보다도 각급 지도기관의 지도적 역할을 일층 제고시켜며, 조직 대렬을 더욱 확대 강화하여야할 필요성이 나서고 있다. 이러한 필요성에서 창립된 후 처음으로 실시하게 되는 조선적십자회 각급 지도기관 선거사업은 적십자회 자체에 있어서뿐만 아니라 사회적으로도 또한 커다란 의의를 갖는 것이다.

그러므로 우리 당단체에서는 적십자회 각급 지도기관 선거사업을 높은 정치적 수준에서 승리적으로 완수하도록 적극 협조하여야 할 것이다.

그러기 위하여 각급 당단체에서는 적십자회의 총회 또는 대표자회의 및 지도기관 선거사업에 회원인 전체 당원들은 물론 광범한 회원대중이 열성적으로 참가하도록 협조하며, 지도기관 사업 결산을 옳게 조직하고 대중적 토의를 활발히 전개하여 사업상 부족점과 오유들을 개선시키는 방향에서 검토 비판하며, 조선적십회의 사상적 기초와 민주적 성격 및 사업 내용들을 군중 속에 깊이 침투시켜 진정한 민주주의 원칙에 의하여 열성 있고 유능한 일군들을 적십자회 지도기관 성원으로 선발 등용함으로써 각급 지도기관을 실질적으로 강화하도록 협조할 것이다.

또한 각급 당단체에 있어서는 적십자회 사업 결산에 있어서 2개년 인민경제계획에서 적십자회에 맡겨진 각종 보건문화사업을 기한 전에 초과 완수하기 위한 과업들을 자기 사업 실정에 비추어 구체적으로 광범히 토의하도록 적극 추동하며 협조할 것이다.

각급 당단체에서는 전체 적십자 지도기관 선거사업을 통하여 전체 적십자 회원들이 국제주의사상과 애국주의사상으로 일층 굳게 무장하고 쏘련을 비롯한 민주주의 제 국가의 적십자회들과 세계 각국 적십자회 내부의 진보적 회원들과의 국제적 친선 단결을 더욱 강화하며, 전쟁 도발자들을 반대하고 평화를 옹호하며 민족적 독립을 위한 투쟁에 일층 광범한 군중들을 인입하도록 추동할 것이다.

이리함으로써 각급 당단체와 전체 당원들은 조선적십자회 각급 지도기관 선거사업을 승리적으로 보장케 하여 조선적십자회사업의 급진적 발전과 그 조직의 확대 강화에 커다란 전변을 가져오도록 적극 협조하여야 할 것이다.

3-001

해방 후 6.25 당시 북한을 방문한 국제적십자사 대표단

복구된 조선적십자중앙병원(평양)
1955년 5월

3-003
조선적십자단을 환영하는 재일동포들
일본 니이가다(新潟縣), 1960년

재일동포 귀국협정 관련 조선적십자 대표단의 기자회견
일본 니이가다, 1963년

『독립신문』을 통해 본
대한적십자회 :
대한민국 임시정부 관련 단체

『독립신문』은 대한민국 임시정부의 기관지이다. 그러므로 대한민국 임시정부의 관련 단체로서 조직된 대한적십자회의 조직과 활동에 대하여 상세히 보도하고 있다. 특히 1919년, 1920년에 다수의 보도가 실려있어, 본 장에서는 그 시기의 기사들을 모아 적십자의 활동을 이해하고자 하였다. 한편 미주에서는 대표적인 신문인 『신한민보』에 기사들이 실리고 있다.

赤十字社의 活動

在滬我赤字社*에서는 政府로붓터 百元
의 下附를 밧아 上海我國人의게 虎疫
注射를 今月十五日붓터 民團事務所에
서 略日間各限하고 行하엿는데 料金은
五十錢으로 定하고 一日九十名式酌定하
야 三日間結了預定인데 第一日에 三十
名에 不過하엿다더라 或은 日字를 延期
할지 모르겟다 云

* 상해

赤十字社常議會

去二十日夜에 赤十字常議會를 民團事務
所內에서 開하엿는데 今番 國際聯盟會
에 加入할 件, 赤十字團과 併合하는 事
等을 討議하엿더라

赤十字會의 宣言

我赤十字會는 大韓民國赤十字會 宣言書及左記와 갓혼 決議文을 發起人 安昌浩氏 以下 七十八名의 名義로 發表하다

決議

一, 日本 赤十字社에 對하야 關係의 斷絶을 宣言하고 捐金의 返還을 要求할 것

二. 國際盟會에 向하야 日本 赤十字社의 無道無義한 罪惡을 聲討하는 同時에 우리의 正義的 態度와 獨立的 資格을 完全히 表示함으로 赤十字聯盟會에 加入할 것

三, 神聖한 獨立戰爭에 就하야 生命과 身體를 犧牲하고 國民의 義務를 다하는 同胞를 救護함은 우리 赤十字會의 第一要務요 急先務라고로 自由 精神을 가지고 同胞의 慘狀을 슯허하는 우리 民族이여 誠心協力하여 本會의 目的은 達할지어다

大韓民國元年 八月 日

赤十字會 代表 選定

今 開하는 萬國 赤十字會에 赴參할 我
赤十字會 代表는 現 瑞西수리大學에 在
하 李寬容君이 被選하엿더라.

赤十字會 美洲 支部

在桑港 新韓民報社는 新設된 我赤十字
會支部로 會員募集 及 會金收合에 從事
中이라고

1919. 9. 9 (4)

赤十字 蘇王營* 支部

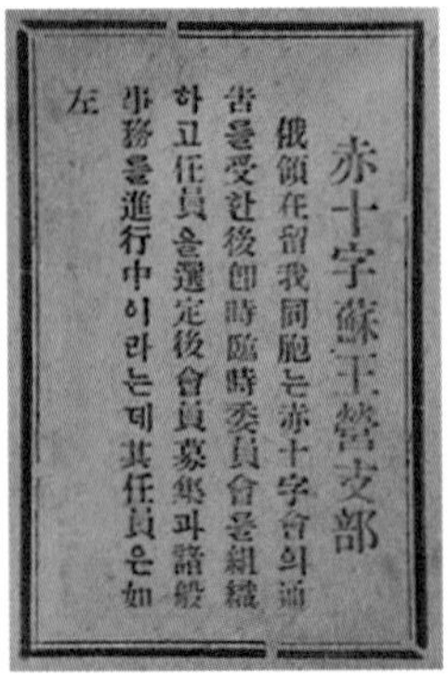

赤十字蘇王營支部
俄領在留我同胞는赤十字會의通告를受한後卽時臨時委員會를組織하고任員을選定後會員募集과諸般事務를進行中이라는데其任員은如左

俄領在留我同胞는 赤十字會의 通告를 受한 後 卽時 臨時委員會를 組織하고 任員을 選定 後 會員募集과 諸般事務를 進行中이라는데 其任員은 如左

* 우수리스크

1919. 9. 18

赤十字常議會開會

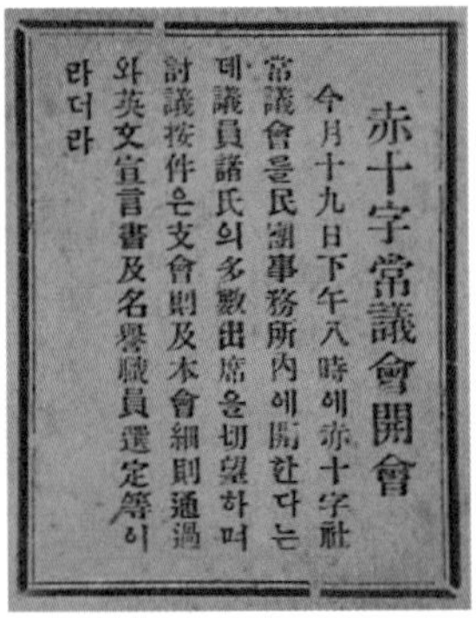

赤十字常議會開會
今月十九日下午八時에赤十字社常議會를民團事務所內에開한다는데議員諸氏의多數出席을切望하며討議按件은支會則及本會細則通過와英文宣言書及名譽職員選定等이라더라

今月十九日 下午八時에 赤十字社常議會를 民團事務所內에 開한다는데 議員諸氏의 多數 出席을 切望하며 討議按件은 支會則及本會細則通過와 英文宣言書及名譽職員選定 等이라더라

赤十字委員會

十九日 下午九時에 法界長安里民團事務所內에서 赤十字常任委員會가 開會되다. 會長 李喜儆氏가 提出한 會規草案은 修正委員 徐丙浩 鄭仁果 兩氏를 選定하야 修正通過하기로 決定하다. 會長은 對外英字宣布文의 內容을 翻譯하야 書記로 朗讀케 한 後 幹部員의 熱誠의 乏함을 說하고 從하야 有故任員에게 辭職을 勸告키로 하다. 名譽總裁와 顧問을 選定하니 總裁에 徐載弼氏 顧問에 李承晚 李東暉(輝) 安昌浩 文昌範 四氏러라.

我赤十字會의 出現

我大韓民國赤十字會는 新國이 建設하랴는 때 必然히 有함을 思하야 舊韓國赤十字會의 復活을 爲하야 去 七月 初旬에 安島山以下 數十名士의 發起로 成立되니 醫士 李喜儆 金聖謙 兩氏의 만은 努力이 有하다.

무엇보다도 더 必要하며 무엇보다도 더 急한 것은 곳 이의 出現이라 그의 施設이 漸次 其緖에 就하고 그의 宣言한바 將次 萬國赤十字會에 其功을 告하며 압헤 오는 獨立의 義戰에 出動하랴는 其 主義와 主張에 對하야는 一言의 讚辭로써 아울녀 相助相助하야 最後의 勝利를 得코자 하는 배라.

噫라 國亡에 엇지 무엇은 安全하리오만 暗裏에 毒惡의 手를 延하야 民間의 事業이라 하며 半官的詐欺手段으로 우리의 膏血을 얼마나 吸收하엿나뇨. 赤十字社라는 것을 憑하야 만은 罪惡을 作하며 數百萬의 金錢을 奪하엿도다. 併合後 未幾에 我大韓國赤十字會는 併合되고 同時에 巨大한 資本도 强奪되고 同會員도 無理히 日本赤十字會員이 되게한 後 漸且 暴惡은 滋甚하야 全韓에 千元以上이라도 잇는 者는 調查하야 普通特別名譽의 會員의 名으로 木牌의 會員章과 銅닐케의 徽章에 數千圓數百圓數十圓을 全韓에 대하야 참으로 巨大한 金額을 詐取하엿도다. 至今것 우리는 나라 亡한 서름에 이런것 저런것 모던 冤恨을 다 思料치 못하엿스나 十年의 鬱憤을 一掃 할 今日에 大罪惡을 包藏한 日本赤十字會에 對하야 正大한 要求를 提出할지며 아울너 此를 世界에 公布하야 嚴正한 罰을 加할지니라. 過日 其局에 當한 불을 往訪하야 事務의 進行과 經過를 聞한즉 旣히 宣言한 主義主張에 對하야 一貫히 進行하며 特派員을 各處에 派遣하야 會員을 募集한다 하며 美洲에 我同胞의 敏速한 活動으로 新韓民報社가 支部가 되야 會員을 募集中이라는데 成績도 良好할 뿐더러 當地 美新聞論調는 極히 激烈하야 「韓人으로 萬一 赤十字會員이 안인 者 日人과 如一하다 하야 熱狂의 贊成의 意를 表하며 本國의 同胞도 極力贊助하야 會員되기를 自請한다. ●然 大韓民族의 行動이 如此함은 오히려 世界에 向하야 誇張치 안이하며 더욱 進展을 期하리라 압헤 일이 가장 만은 가온데 獨立의 義戰이 有하나니 만은 生命은 此를 爲하야 復活을 期할지며 其局에 當한 諸氏는 砲煙彈雨의 裏에 一人의 犧牲으로 數萬의 生命이 有함을 自覺할지며 아울녀 健全한 發展으로 主義目的을 爲하야 努力할지어다.

我赤十字會의 出現

默堂

徽章에 數千圓 數百圓 數十圓을 全韓에 뻐러하야 참으로 巨大한 金額을 詐取하엿도다 또 今거우리는 다라 亡함서

我大韓民國赤十字會는 新國이 建設하라는 必然이 된 것이라 有합을 思하야 參도히 못하엿스나 十年의 鬱憤을 一掃할 날이 有할지라 大罪惡을 包藏한 日本赤十字會에 對하야 正大한 要求를 提出한 月初旬에 安島山 以下 數十名 士의 發字會에 付하야 去七字會에 復活을 爲하야 舊…

韓國赤十字會의 復活을 爲하야 舊…

起로 成立 되니 醫士 李喜敬 金聖謹 兩氏의 盡力이 有하다 正當罰을 加할지니 遇刑 其局에 公布하야 殘…

無엇보다도 더 必要하며 무엇보다도 한몸을 거訪하야 事務의 進行과 經바야次로 萬衆의 其緒에 就하고 그의 施設이 漸次 其緒에 就하고 그의 宜言코자 하는바라

더急한것은 곳이 의 出現이라 그의 宜言한즉 一般민報社가 支部가 好하야 員을 募集하며 特派員을 各바야次로 萬衆의 其緒에 就하고 最後이라는데 成績도 良好하얏는다 리當地

賀辭로써 아니할 바라 相助相助하는 一言의 民報社가 支部 最後이라는데 成績도 良好하얏는다 리當地

의 勝利를 得코자 하는바라 本國의 同胞도 極力贊助하야

嗚라 國亡에 엇지 무엇슨 安全하리 本國의 同胞도 極力贊助하야

오만 暗裏에 毒惡의 手를 延하야 民間으로 우리의 膏血을 吸收하얏는 會員되기를 自請한다 然 大韓民族

惡을 作하며 數百萬의 金錢을 奪하 世界에 向

도다 倂合된 後 幾年間에 巨大한 資本의 立하야 復活을 期할지며 其局에 當

强奪되고 因會員도 無理히 本赤十 砲煙彈雨의 裏에 一人의 犧牲으로

하야 會員이 千元이 上이라도 있는 生命이 有함을 目覺한

는 調査하야 會當 特別章과 銅니 거의 的을 爲하야 努力할지라

名으로 木牌의 會員章과 銅니 거의 的을 爲하야 努力할지며 主義日

1919. 10. 25

赤十字會支部 ○○○에 創立

韓族新報

○○*縣 ○○○**에서는 大韓赤十字會의 通告를 受하야 支部를 創設하고 會員을 多數히 募集한다고

* 유하
** 삼원포

赤十字會支部
○○○에 創立
○○縣 ○○○에서는 大韓赤十字會의 通告를 受하야 支部를 創設하고 會員을 多數히 募集한다고 (韓族新報)

○○赤十字支會 設立進步

○○地方에 設立計劃中인 大韓赤十字會
支會는 其後 會員募集成績이 良好하야
多數의 志願者를 得하엿슴으로 不遠間
發表되리라고(○○)

美國赤十字社가 注射液을 寄附

琿春

舊聞에 屬하거니와 海參威에 虎役이 猖
獗하엿슬 時에 美國 赤十字社에서는 韓
人民會에 一萬名分의 豫防注射液을 寄
附하엿다고(琿春)

1919. 11. 11 (1)

赤十字의 美擧

大韓赤十字會 本部에서 目下 病院을 開
設코져 經營中이라는데 爲先 居留同胞
의 便宜를 爲하야 高明한 醫師를 延聘
하고 請求에 應하야 無料診察한다고

1919. 11. 11 (2)

大韓赤十字總會召集 廣告

本赤十字會總會는 會規에 依하야 十一
月一日에 開할바 這間事故로 因하야 延
期가 되엿스며 第一回總會를 本月十五
日(土曜) 下午八時에 康寧里民團事務所
에서 開할 터이니 一般會員은 屆期 光
臨하심을 務望홈.

大韓赤十字會副會長

金聖謙白

1919. 11. 20

赤十字總會

大韓赤十字會는 本月十五日에 總會를
開하고 任員을 補缺하엿느대 그 氏各
(名)은 如左하다

副會長　　安定根

理事　　　셔丙浩

監事　　　王成彬 金泰淵

總會에 報告된 事實은 會員總數가
九百九十九名이요, 上海에서만 收入된
金額이 五百五十五圓十五錢이오, 美國
에서 收入된 金額이 一千一百六十七元
二十錢이라고.

1919.11.27

大韓赤十字會 會員大募集競爭會

本赤十字會난 會務의 發展을 爲하야(醫院設立과 看護員養成을 爲함) 特히 競爭的으로 會員을 募集하압난
바 其順序와 方法은 如左함

第一. 募集委員을 四隊로 分하고 隊長一人과 隊員 若干人으로 編成하되 隊員의 分別은 如左함 (上海名簿
에 謄錄된 會員은 總히 隊員으로 認함)

(一) 三一隊 隊長 閔濟鎬 隊員 張連相 孫斗煥 沈鍾悅 尹普善 李圭廷 張斗轍 朴熙淑 文泰眞 姜泳翰 李鳳
兒 申斗湜 李泳根 尹顯振 金立潤 金奎澤 安玄炳 宋鼎頂 朴泰河 金明俊 鄭大鎬 李매리 李慈卿 劉炳翔 莊
源林 金泰淵 趙琬九 羅基瑚 權泰亨 朴容珏 明舜朝 曹卿淑

(二) 自由隊 隊長 金秉祚 隊員 徐丙浩 鄭仁果 金龜 金敞 李元益 金德 金在賢 李謹郁 裵炳憲 金鎭宇 申德
萬 田興 朴순 根 元容旭 李水南 車廷信 趙尙爕 丁文玉 金現澤 張信國 崔昌植 李本淑 鄭蕙園 李鎭賢 金
玉淵 吳正殷 秦大均 姜賢錫 李永順 玄彰運 朴剋壽

(三) 獨立隊 隊長 金甫淵 隊員 安貞根 孫貞道 高一淸 金弘馭 梁憲 李鐸 金大地 李常基 孫孝植 兪政根 玉
洪彬 李圭瑞 韓鎭敎 李過林 金立 金恆信 崔明實 金元敬 申基俊 劉尙祈 嚴基恆 金甲 金聖謙 金弘植 李春
塾 都寅權 韓偉健 李善寶

(四) 十字隊 隊長 車寬鎬 隊員 李光洙 玉成彬 玄楯 李裕弼 鄭鉄 李錫 玄正柱 李英烈 趙德津 朴賢煥 李相
祜 安永玉 張鵬 金仁全 田在● 朴址朋 金甲洙 李康熙 王三 崔斗弦 高永澤 朴마리아 李景信 李儀景 金昌
世 元世勳 文錫振 玉觀彬 吉永喜 莊源澤 南亨祐

第二. 募集成績의 優越한 定員에게 最高點을 一等으로 하고 三等까지 賞品을 授與함

一等 十五元 價格品 二等 六元價格品 三等 三元價格品

第三. 隊長에게는 全隊成績의 依하야 一等十元價格品, 二等七元價格品을 賞함

第四. 等外에 多點數를 從하야 特히 賞與함 大洋一元을 一點으로 計함

十點以上 十九點까지 銅牌 二十點으로 二十九點까지 銀牌 三十點以上 金牌

第五. 設行期間은 元年 十一月二十三日로 始하야 十二月十四日 下午六點에 終함 一般成績을 發表하고 同
時에 賞與式 期日을 指定佈告함

大韓民國元年 十一月二十三日

大韓赤十字會事務所

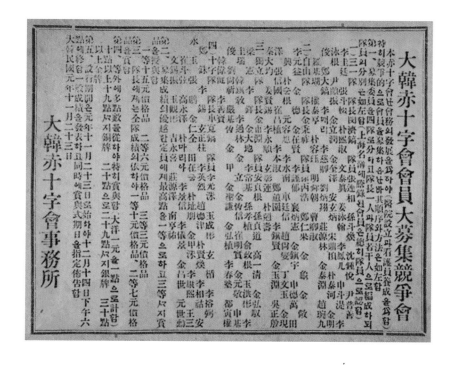

赤十字隊도 撤退

西比利亞에 出張하엿던 美國赤十字隊도

美軍과 同時에 撤退하기로 決定되엿다

고

赤十字看護員養成所의 開學

(大韓赤十字會의 現狀)

總員 一千九百四十六人 漢英美會員 百五十四人

上海法界에 總事務所를 置한 大韓赤十字會는 去週 土曜에 看護員養成所開學式及會員募集競爭會의 施賞式을 擧行하엿는데 李總理 李內務 安總長 榮働局總辦의 出席이 有하다

會長 李喜儆氏는 赤十字會員募集의 任務로 北美에 前往하엿슴으로 副會長 安定根氏가 司會하다

李總理는 帝國時代에 赤十字會가 成立되엿다가 國家로 더부러 그 運命을 갓치 한 것을 痛恨하고 赤十字會의 事業의 重要함과 그 發達 迅速함을 致賀하고 多數의 看護員을 養成하야 獨立戰爭時에 遺憾이 업게 하기를 勸한 後에

理事長 徐丙浩氏는 今番 會員募集競爭의 結果를 合하야 總員 一千九百四十六人中 漢人이 十八人 英人이 九人 美人이 一百二十七人임과 美國에서 되는 赤十字會事業의 有望함과 徐載弼博士는 名譽總裁의 職을 受함을 許諾하엿고 顧問인 李大統領에게서도 賀禮하는 電報의 來함을 告하고 會員募集競爭의 有功者 玄彰運 金秉祚 金甫淵 車寬鎬 金元慶 諸氏에게 各各 賞品과 메달을 授하다 그 中에도 玄彰運氏는 南京 漢口 等地에 旅行하야 西洋人會員 百三十餘人을 募集한 首功이라.

次에 金聖謙氏는 養成所의 內容을 說明하야 日 畢業期間은 三個月이오 授業時間은 每週 十八時間이며 實

習은 中國紅十字病院醫士 金昌世氏(同胞)의 紹介로 上海市內 各病院에 依賴하게 되엿스며 學科의 程度는 本國 各醫學校의 看護科科目外에 必要로 認하는 醫學의 科程을 添하엿나니 이는 戰爭의 時機에 醫師의 不足이 잇기를 慮하야 看護員으로 하여곰 救急에 必要한 醫學의 知識을 得케고져 함이라. 或三個月의 短時期에 이는 不可能하리라 할지나. 現在 養成所의 學生은 모다 中等 以上의 敎育을 受한 者며 一週 十八時間은 決코 少한 時間이 아니라 하고 請願한 第一期學生은 男 三人 女 十人 合十三人임과 講師는 金郭鄭 三醫師임을 報告하고,

金順愛 李華淑 兩氏의 「赤十字會」의 倂唱이 잇슨 後

安昌浩氏는 今日 我國民은 萬事가 다 創造의 時期에 잇스니 今日의 小는 大하여질 小오 不完全은 完全하여질 不完全이라 小하고 不完全한 萌芽를 보고 不滿해 말며 悲觀하지 말라 前途의 無窮한 希望을 보고 忠誠의 努力으로 勇往邁進할 것이라는 것을 前提로 赤十字會의 前途를 祝하다.

大韓赤十字救護員養成所

大韓赤十字會는 昨年 八月에 成立된 者라

現在 上海에 本部를 두고 內外各地에 支部를 두어 活動中이라

救護員養成所는 去一月末에 開學하다

적십자의 노래

한나라의 꽃다운 새악시	한나라의 꽃다운 새악시
기운찬 사내들	기운찬 사내들
가슴에 붉은 십자표하고	아름다운 인생의 사랑을
압서 나아간다.	거룩한 싸움에
하나님의 부르심을 조차	나타냄이 너의 자랑이니
정의와 인도를	상하고 누운 자는
탄환이 빗발갓흔데라도	적이라고 너의 따뜻한 손
빛내기 위하야	아끼지 마러라(주요한)

赤十字 抗議書 提出

瑞京國際赤十字總會에 同會代表 李灌鎔氏의 活動

瑞西國京城 제네바에 開催된 國際赤十字總會에 大韓赤十字代表 李灌鎔氏의 손으로 同會設立에 關한 事實報告와 規則 及 日本政府, 同赤十字社에 對한 抗議書가 提出되다. 이 書類는 國際赤十字總會의 機關報에 揭載되고 抗議書는 各地에 發送되다.

이는 同代表 李君이 在上海大韓赤十字總本部에 致한 本月二十日着 報告書에 包含된 것인대, 同報告를 據한즉, 瑞京에서 開催된 各國 赤十字會聯合會는 國際赤十字總會에서 承認을 受하고 同時에 國際聯盟에 加入한 나라의 赤十字會라야 參加함을 得하는 規定이라. 이 規定에 不拘하고 大韓赤十字代表는 國際赤十字總會에 參加키를 請願하다. 그 回答으로는 大韓國瑞西駐劄公使가 正式으로 瑞西大統領에게 請願함이 節次라는 間接的 拒絶을 得하엿슴으로 大韓赤十字代表는 不得已 前記와 갓흔 非常한 處置에 出함이라고 抗議書를 提出한 結果에 關하여는 아직

報道에 接치 못하다.

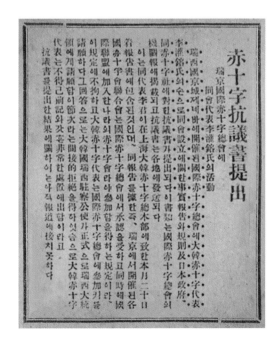

大韓赤十字會의 現狀 및 그 將來方策의 大略

現在 會員總數 一千一百餘名 그동안 收合된 財政이 約二千元 後日의 計를 위하야 金錢募集과 貯蓄에 專力.

內外宣傳을 主하고 看護員養成과 病院의 擴張에 盡力함

理事長 徐丙浩氏談

民國元年 八月 李喜儆, 安昌浩 諸氏의 發起로 內務部의 認可를 得하야 組織된 大韓赤十字會는 그 間會員 募集과 宣傳에 努力하야 好結果를 收하엿스며 救護員養成, 病院設施等으로 將來大事의 準備에 熱心하며 △國際赤十字總會에 書를 致하야 同會設立에 關한 報告를 하며 日本政府에 抗議하는 等活動이 非常하다 徐理事長은 同會의 現狀과 將來의 方針에 對하야 語하야 曰

「只今 會員總數가 二千一百二十八人이오 會員 三十以上 잇는 곳이면 請願에 依해서 支會를 두는대 이 正式支會는 오직 內地에 一處 잇슬 뿐이오 이만한 會員數爻를 엇기에 宣傳에 힘을 퍽 썻소 그래서 그동안 드러온 二千元內外의 經費의 大部分도 宣傳費도 나갓소, 遠地方에 사람을 보내며 中文英文으로 △宣傳書類를 맨드며 外人에 對한 宣傳中에는 中國人에 注重하엿소, 現在 中國人會員數가 七八十人이오 美國人이한 百은 됩니다, 收入의 大部分도 外人에게 난 것이오, 韓人의 손으로 낸 돈이야 참말 얼마 안되지오, 韓人이야 一個年會費二元에서 더 냄닛가, 그러나 中國人이나 西人은 몃 十元式 냄니다그려, 이것보시오」

하고 會計賬簿를 뒤치면서 韓人과 外人의 出金의 差異를 指摘하다

「救護員養成이오?, 第一期는 맛첫지오,

△第二期도 速히 開學하려 하지만은 教師도 他處로 가서 只今은 업고 學生도 또 업서요, 病院은 中國紅十字醫院醫師 金昌世氏가 一週日에 세번式 오시여 受苦를 하시오」

「아모려나 우리 일이야 日後戰場에 나서서 필에 赤十字를 붓치고 救護에 從事할 救護員만 百名이고 千名이고 만히 養成하면 되지오, 只今 조고마하게나마 病院을 設置하고 各地 醫院, 藥房을 連絡하는 곳도 重大한 意義가 잇담니다」

「金錢貯蓄이 惟一大事」 後日의 計를 爲하야

副會長 安定根氏談

李會長渡美中 會內事務를 總理하게 된 安副會長은 曰

「當初 赤十字會事業을 始作한 때에 只今은 돈만 모앗다가

△相當한 額數에 達한 後에 事業에 着手하자는 議論과, 只今부터 조고마하게라도 病院, 救護員養成을 해 가면서 金錢의 貯蓄에 用心하자는 두 가지 議論이 이섯스나 常議會의 決議로 일을 始作하게 되엇소 病院

으로 말할지라도 相當한 醫師로 專任케 하여야 하겟는대 金錢이 問題외다그려, 救護員養成도 四五人 乃 至 十餘人이나 工夫식히는 것은 金錢만 消耗할 뿐이오, 또 現狀으로는 多數人을 收容할 수도 업소 그래서 이제부터는

△經費節約에 더욱 注意하려 하오 病院 하나만 經營할래도 數萬元이 들 터인대 돈 업시야 무엇을 하겟소 一時 아모 하는 일 업다고 조치 못한 비評을 듯더라도 金錢만 만히 貯蓄하야 노흐면 後日의 計를 爲해서 는 그것이 큰 일이라 하오」

대한적십자회 발행
The Korean Independence Movement
(상하이, 1920)

상해 대한적십자회에서는 1920년 상해에서 3·1운동 영문 화보집 '한국독립운동The Korean Independence Movement'을 간행하였다. 가로 23㎝, 세로 15㎝의 신국판 크기로 표지를 포함해 총 52쪽으로 구성돼 있다. 화보에는 발행지역이 상해로 명기되어 있으나 발행처와 발행 일자는 표시되어 있지 않다. 발행 시기는 이 책자가 러시아 블라디보스토크 신한촌에서 압수된 시기가 1920년 6월임을 통해 알 수 있다.

이 사진첩은 3·1운동 당시 사진과 일제의 가혹한 탄압 실상 사진자료를 하나로 묶어 발행했다는 점, 특히 미주, 유럽 등지에 국제적인 선전홍보를 목적으로 제작해 배포한 영문 사진첩이라는 측면에서 주목된다.

목차가 따로 있지는 않지만 화보집은 크게 세 부분으로 나뉜다. 서문에 해당하는 첫 부분에는 3·1운동이 발발한 사실과 일제의 무자비한 탄압 내용, '3·1독립선언서'의 공약 삼장과 선언서의 주요 내용 등을 영역英譯해 수록했다. 두 번째 부분은 3·1운동의 만세시위와 일제의 만행을 담은 사진 31장과 상해 대한적십자회와 독립문 사진 3장 등 총 34장의 사진이 수록돼 있다. 마지막 부분은 1919년 7월 1일자로 발기한 상해 대한적십자회의 발기문과 발기자 명단, 대한적십자회의 조직 상황을 담고 있다.

수록된 34장의 사진을 내용별로 보면 3·1운동과 직접 관련된 사진이 30장, 대한적십자회 사진 2장, 기타 2장이다. 이 가운데 그간 국내에 알려지지 않았던 3·1운동 관련 사진이 7~8장으로, 특히 수원 화수리와 제암리에서 찍은 일제 만행의 사진과 만세시위에 참가한 여학생의 참사 사진, 일제의 탄압으로 대량학살을 당한 만세시위자들의 합동 장례식 사진들이 눈길을 끈다.

사진집의 기록에 따르면, 수록된 3·1운동 관련 사진들은 모두 외국인이 찍은 것이다. 촬영자의 이름을 일일이 밝히고 있지는 않지만, 여러 가지 정황으로 볼 때 주요 외국인 중 한 명은 영국 출신의 캐나다 선교사이자 세브란스의학전문학교 교수였던 프랭크 스코필드Frank W. Scofield였을 것으로 추정된다. 그 밖에 화수리 참사 사진도 4장이 수록돼 있는데 이는 당시 현장을 조사했던 선교사 스코필드나 선교사 노벨이 촬영한 것으로 추정된다.(홍선표의 『신동아』 2011년 4월호 참조)

현재 독립기념관, 도산 안창호기념관, 미국의 컬럼비아대학교 도서관에 보관되어 있다.

『한국독립운동』표지
※ 컬럼비아대학교 도서관 소장

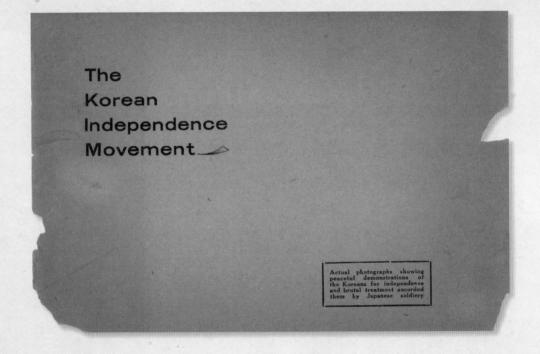

DECLARATION OF INDEPENDENCE

(This document was read in all the leading cities of Korea on the First of March, when the Koreans declared their Independence from Japan.)

"We herewith proclaim the independence of Korea and the liberty of the Korean people. We tell it to the world in witness of the equality of all nations and we pass it on to our posterity as their inherent right.

"We make this proclamation, having back of us 5,000 years of history and 20,000,000 of a united loyal people. We take this step to insure to our children for all time to come, personal liberty in accord with the awakening consciousness of this new era. This is the clear leading of God, the moving principle of the present age, the whole human race's just claim. It is something that cannot be stamped out, or stifled, or gagged, or suppressed by any means.

"Victims of an older age, when brute force and the spirit of plunder ruled, we have come after these long thousands of years to experience the agony of ten years of foreign oppression, with every loss to the right to live, every restriction of the freedom of thought, every damage done to the dignity of life, every opportunity lost for a share in the intelligent advance of the age in which we live.

"Assuredly, if the defects of the past are to be rectified, if the agony of the present is to be unloosed, if the future oppression is to be avoided, if thought is to be set free, if right of action is to be given a place, if we are to attain to any way of progress, if we are to deliver our children from the

painful, shameful heritage, if we are to leave blessing and happiness intact for those who succeed us, the first of all necessary things is the clear-cut independence of our people. What cannot our twenty millions do, every man with sword in heart, in this day when human nature and conscience are making a stand for truth and right? What barrier can we not break, what purpose can we not accomplish?

"We have no desire to accuse Japan of breaking many solemn treaties since 1636, nor to single out specially the teachers in the schools or government officials who treat the heritage of our ancestors as a colony of their own, and our people and their civilization as a nation of savages, finding delight only in beating us down and bringing us under their heel.

"We have no wish to find special fault with Japan's lack of fairness or her contempt of our civilization and the principles on which her state rests; we, who have greater cause to reprimand ourselves, need not spend precious time in finding fault with others; neither need we, who require so urgently to build for the future, spend useless hours over what is past and gone. Our urgent need today is the setting up of this house of ours and not a discussion

of who has broken it down, or what has caused its ruin. Our work is to clear the future of defects in accord with the earnest dictates of conscience. Let us not be filled with bitterness or resentment over past agonies or past occasions for anger.

"Our part is to influence the Japanese Government, dominated as it is by the old idea of brute force which thinks to run counter to reason and universal law, so that it will change, act honestly and in accord with the principles of right and truth.

"The result of annexation, brought about without any conference with the Korean people, is that the Japanese, indifferent to us, use every kind of partiality for their own, and by a false set of figures show a profit and loss account between us two peoples most untrue, digging a trench of everlasting resentment deeper and deeper the farther they go.

"Ought not the way of enlightened courage to be to correct the evils of the past by ways that are sincere, and by true sympathy and friendly feeling make a new world in which the two peoples will be equally blessed?

"To bind by force twenty millions of resentful Koreans will mean not only loss of peace forever for this part of the Far East, but also will increase the ever-growing suspicion of four hundred millions of Chinese—upon whom depends the danger or safety of the Far East—besides strengthening the hatred of Japan. From this all the rest of the East will suffer. Today Korean independence will mean not only daily life and happiness for us, but it would also mean Japan's departure from an evil way and exaltation to the place of true protector of the East, so that China, too, even in her dreams, would put all fear of Japan aside. This thought comes from no minor resentment, but from a large hope for the future welfare and blessing of mankind.

"A new era wakes before our eyes, the old world of force is gone, and the new world of righteousness and truth is here. Out of the experience and travail of the old world arises this light on life's affairs. The insects stifled by the ice and snow of winter awake at this same time with the breezes of spring and the soft light of the sun upon them.

"It is the day of the restoration of all things on the full tide of which we set forth, without delay or fear. We desire a full measure of satisfaction in the way of liberty and the pursuit of happiness, and an opportunity to develop what is in us for the glory of our people.

"We awake now from the old world with its darkened conditions in full determination with one heart and one mind, with right on our side, along with the forces of nature, to a new life. May all the ancestors to the thousands and ten thousand generations aid us from within and all the force of the world aid us from without, and let the day we take hold be the day of our attainment. In this hope we go forward.

4-003
독립선언서 공약 3장

THREE ITEMS OF AGREEMENT

"1. This work of ours is in behalf of truth, religion and life, under-taken at the request of our people, in order to make known their desire for liberty. Let no violence be done to anyone.

"2. Let those who follow us, every man, all the time, every hour, show forth with gladness this same mind.

"3. Let all things be done decently and in order, so that our behaviour to the very end may be honorable and upright."

The 4252nd Year of the Kingdom of Korea, 3d month

Representatives of the People.

The signatures attached to the document are:

Son Byung Hi, Kil Sun Chu, Yi Pil Chu, Paik Long Sung, Kim Won Kyu, Kim Pyung Cho, Kim Chang Choon, Kwon Dong Chin, Kwon Byugn Duk, Na Long Whan, Na In Hup, Yang Chun Paik, Yang Han Mook, Lew Yer Dai, Yi Kop Sung, Yi Mung Yong, Yi Seung Hoon, Yi Chong Hoon, Yi Chong Il, Lim Yei Whan, Pak Choon Seung Pak Hi Do, Pak Tong Wan, Sin Hong Sik, Sin Suk Ku, Oh Sei Chang, Oh Wha Yong, Chung Choon Su, Choi Sung Mo, Chi In, Han Yong Woon, Hong Byung Ki, Hong Ki Ch.

4-004
조선인들의 자유를 위한 외침

KOREA'S CRY FOR FREEDOM

Without a single fire arm, sword or fighting weapon of any kind the Korean people, on the memorable March 1 (1919) rose like one man to cry out for their independence. Thousands upon thousands of them paraded in almost every city and village of any importance with nothing but the Korean flags in their hands, shouting "Mansei." Resentment against Japanese militarism and oppression was intense but the Koreans conducted themselves with marvellous self-restraint. Although the Japanese were taken by complete surprise no violence was done to their person and no damage to their property. Yet when the shock of surprise had passed away, shame and self-remorse quickly gave vent to Prussian-like brutality.

4-005
일본의 프러시아주의

JAPANESE PRUSSIANISM

Japanese soldiers were let loose on the defenceless Koreans. For peacefully shouting "Mansei" the latter were bayonetted, sabred, trampled upon and beaten out of shape by the cruel soldiers of Japan. Koreans who took no part in the demonstrations were sought out from their houses and treated in the same manner; old men, and women as well as children including girls, were not spared. They were dragged, between kicks and blows with rifle butts, to the police station, where they were subjected to more brutality and torture. Peaceful Koreans were pulled out of their beds in the middle of the night by the soldiers and police, who took delight in doing so. The photographs reproduced here were taken by a foreign eye-witness.

미국 영사관에 독립선언서를 제출한 후
"만세"를 외치는 조선인 시위자들의 거대한 행렬 뒤로 미국 영사관 건물이 보인다.

An immense procession of Korean demonstrators, shouting "Mansei" after presenting the declaration of independence to the American Consulate. The Consulate building appears in the background—*Seoul*

경성 궁궐(덕수궁) 근처(경성일보사 앞 - 필자 주)에서 부인과 여학생들을 포함한
수천의 열성적인 조선인들이 평화적으로 만세를 부르는 모습

Thousands of enthusiastic Koreans, including women and girls, shouting "Mansei" with hands in
the air outside the palace in Seoul

※ 경성일보사 사옥은 1916년 10월 1일에 재축성 되었고, 1924년에 이 건물을 헐어 내고
   그 자리에 경성부청을 지어 올려 1926년에 완공하였다.

공원(현 시청광장 – 필자 주)에서 평화적인 만세운동을 하는 모습

Demonstration for independence in the Park. The Koreans are seen shouting "Mansei" with their hands up in the air. Not a single man is armed.

공원 문 앞을 경계하는 일본군인들

Japanese soldiers guarding the park gate after the demonstration to prevent further gatherings of Koreans.

4-010
시위 진압을 위해 일본 군인들이 공원
(파고다공원 - 필자 주) 근처에서 주둔하고 있다.

A corner of the park where Japanese soldiers are stationed to suppress Korean demonstrations.

4-011

서울(당시 경성) 등 중요 도시의 거리마다 - 한 명의 일본군인이 다섯 집 간격으로 - 경계중이다. 평소 분주한 시장거리가 황량한 모습이다.

Japanese soldiers dot the streets of Seoul and other important cities in Korea like flies—one Japanese soldier at interval of five houses. A busy market square presents a deserted air.

일본군의 무자비한 공격으로 한 조선인 병사가 심각한 부상을 당한 채 병상에 누워있다.

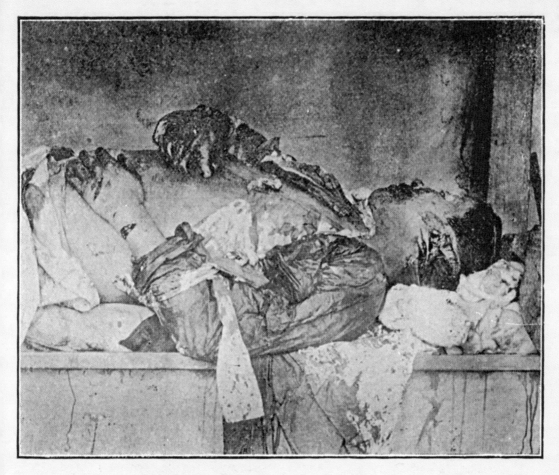

After the first surprise the Japanese authorities turned loose the soldiers on the Koreans. This picture shows how one of them was slashed and cut up all over the body by merciless Japanese soldiers.

일본의 잔악상을 보여주는 또 다른 장면. 총상을 입은 조선인 다리의 적나라한 모습.

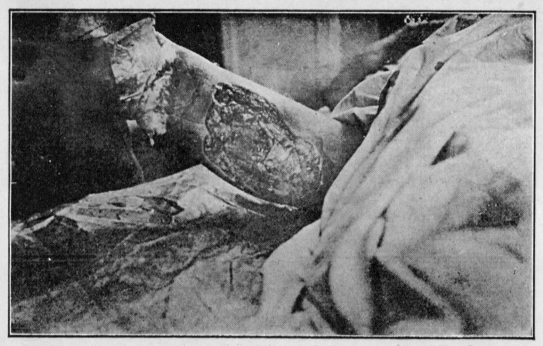

Another piece of Japanese brutality.　The leg of a Korean is beaten flat after
being shot at.

조선인 상점들의 철시, 순찰하는 일본군인들

To show their sympathy with the independence demonstrators and as a pacific means to demand the release of those who have been arrested, all Korean shopkeepers have closed their shops. Japanese soldiers are seen patrolling the streets with fixed bayonets.

눈에 상처를 입고 운 좋게 치료를 받은 남자. 상처를 입은 후 1주일 후에 찍은 사진.

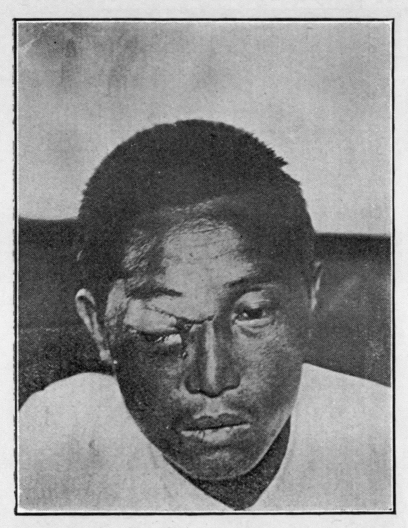

This man is more fortunate. He has a bayonet stab in his eye. He was taken into one of the mission (Christian) hospitals, where he received treatment. The picture was taken one week after the man received the wound.

조선인들의 반대에도 불구하고 상점을 강제로 열게 하는 일본군인들과 경찰들

Japanese soldiers and armed police compelling the Koreans to open their shops against their wish.

일본군이 방화, 학살로 폐허가 된 화수리의 모습.

지금은 부서진 타일, 먼지, 벽돌 더미만 남았고, 아무것도 남아 있는 것이 없다. 1919년 4월 11일 새벽, 마을 사람들은 갑자기 총성과 타는 냄새 때문에 잠에서 깨었다. 그들은 군인과 경찰이 집에 불을 지르고 사람들을 총으로 쏘고 때리는 것을 발견하였다. 노인과 젊은이, 젖먹이를 안은 어머니들, 그리고 어린 자녀들을 둔 아버지들은 살기 위해 모든 것을 버리고 산으로 도망치려 하였으나 체포되어 두들겨 맞거나 총살되었다.

The Ruins of Wha Su Ri village after the Japanese soldiers destroyed it by fire and murdering its inhabitants.   Now nothing remains but a huge heap of broken tile, dirt, and brick.

On April 11, early in the morning, some time before daybreak, the villagers were suddenly aroused out of their sleep by the sound of firing and the smell of smoke. Running into the open they found soldiers and police setting fire to the houses and shooting and beating the people. Leaving everything they fled for their lives, old and young, the mothers with their babies at their breasts, and the fathers with the younger children, all of them to the hills. But before they could make good their escape many were shot by the soldiers, many were wounded and beaten while a number were arrested and taken to jail.

참고자료 **스코필드는 그의 보고서 〈화수리 살인사건〉에서 다음과 같이 언급하고 있다.**

화수리의 경우는 야만스러운 일황군대가 잿더미로 만들어 놓은 표본마을이었다. 그 마을은 기름진 논밭이 펼쳐진 아래를 바라보며 숲이 우거진 언덕으로 둘러 쌓여 있었다. 마을 한 가운데에는 기와지붕에 큰 대문이 있는 상당히 좋은 양반네 집이 있었다. 그러나 지금은 깨어진 기와 조각 더미와 먼지 그리고 무너진 담벼락이 남아 있을 뿐이었다. 어떤 사람은 그 집주인은 도망을 갔다고도 하고, 어떤 사람은 감옥에 갔을거라고 하지만, 사실은 아무도 이 지주squire에게 어떤 일이 일어났는지는 아무도 몰랐다.

일본군에 의해 파괴되어 질그릇의 잔해만 남은 화수리마을

A view of the remains of earthernware in Wha Su Ri village after it was destroyed by Japanese soldiers.

참고자료 **스코필드는 그의 보고서 〈화수리 살인사건〉에서 다음과 같이 언급하고 있다.**

40여 채의 집 중에 18~19채 만이 남아 있었다. 그 악한 불길은 -그 불길 속에는 일본 군대의 보다 적나라하게 확실하고 잔인한 살의로 가득 찬 손길이 뻗치고 있었는데- 더 이상 확산되지는 않았던 것이다. 이 일에 대해서 말하는 사람들의 진실한 증거보다 더 분명한 증거가 바로 여기에 불탄 집으로 남아 있는 것이다. 어느 곳에서는 불탄 집과 안 탄 집이 번갈아 가며 서 있었다. 불탄 집과 안 탄 집의 거리는 대개 수 피트 정도의 거리를 두고 있었다. 보통으로, 남아 있는 것들은 김치나 물을 담는 항아리들이었다. 장독대의 토기들과 불탄 부지깽이, 재, 타다 남은 것과 같은 폐허의 흔적들은 이곳들이 행복하고 단란한 집들이었다는 증거였다. 화마로부터 남아 있는 것은 아무것도 없었다. 이러한 일들은 용납되지 않을 일이었다. 이 세상 어느 곳에 이 같은 범죄가 있을 수 있다는 말인가? 숟가락, 그릇, 쌀가마, 이부자리들이 참혹한 죽음이 있는 곳에서 건질 수도 없었던 것이다.

화수리 마을의 목재들이 새까맣게 탄 잔해 모습

일본 경찰은 조사하러 온 외국인에게 수원에서 그들이 저지른 잔악행위들에 대해 발뺌하고 있다. 독자들은 조선의 독립운동에 대한 어떠한 문서나 사진도 얻기 어렵다는 것을 알아야 한다.

A view of the remains of the charred ruins of the woodwork, and of the ashes and débris in Wha Su Ri village, Suwon.

A Japanese policeman is trying to explain away the atrocities committed in Suwon to a foreigner who came for investigation. The reader must know that it is very hard to get pictures or any written document concerning the independence movement out of Korea.

4-020

수원 화수리

오두막 앞에 서 있는 아녀자의 세 명의 아이중 한명은 일본군으로부터 살해당해 천으로 덮혀있다. 나머지 두 아이는 분명히
죽은 형제를 슬퍼하고 있다. 그리고 그들의 아버지 역시 살해당하였다.

At Wha Su Ri, Suwon.

The woman standing in front of the hut had three children, one of whom, killed by a Japanese soldier, is seen in
the picture covered over with a piece of cloth. The other two children are evidently mourning
over their dead brother, and also for their father who was also killed.

수촌리

제암리일대에서 4~5마일(7~8km) 떨어진, 일본군에 의해 집이 파괴되고 음식이 손상된 곳에 있는 수촌리의 아이들. 4월 6일 날이 새기 전 일본 군인들은 모두 잠들어 있는 마을의 집집마다 초가 지붕에 불을 지르고 순식간에 집을 파괴했다. 사람들이 서둘러 나가보니 온 마을이 불타고 있었으며, 불을 끄려 했지만 총을 쏘거나 총검으로 찌르는 일본군에 의해 저지되었다. 군인들이 마을을 떠나갈 때까지 그들은 마을과 집이 잿더미로 변하는 것을 지켜볼 수밖에 없었다.

Children of the Su-Chon village four or five miles from Chai Am-ni where the wholesale murder of a number of Koreans occurred, whose home and food had been destroyed by the Japanese soldiers, wandering in the fields to pick herbs to sustain their lives.

On April 6, before daybreak, while all were sleeping, some Japanese soldiers entered the village and had gone from house to house firing the thatched roofs which quickly caught fire and destroyed the houses. The people rushed out and found the whole village blazing. Some tried to put the fire out, but were soon stopped by the soldiers who shot at them, stabbed them with their bayonets or beat them. They were compelled to stand by and watch their village burn to ashes. After completing this nefarious work, the soldiers left them to their fate.

4-022
제암리 마을의 잔해

1919년 4월 15일 목요일(화요일 – 필자 주) 수원에 있는 제암리 마을에서 39채 중, 교회를 포함한 가옥 31채가 모두 야만적인 일본군에 의해 불타버렸다.

Remnants of the Chai Am-ni village.
On Thursday, April 15th, 1919, at Chai Am-ni village, Suwon, 31 houses including the Church out of 39 in all was burned to the ground by the barbarious Japanese soldiers.

한때 풍요로왔던 제암리마을에 유일하게 남은 집.

Only house left in a once flourishing village of Chai Am-ni, Suwon.

일본군의 학살로 남편을 잃은 불쌍한 과부들

1919년 4월 15일 일본군인들은 제암리로 들어와 남자교인들 23명을 교회에 모이게 한 후 총격을 가해 대부분 죽거나 부상을 당했으며 주민들을 학살하고 교회에 불을 질렀다. 여섯구의 시체가 교회 밖에서 발견되었다. 일본군인들은 마을에 불을 지르고 떠났다.

The pitiful widows weeping after their husbands were massacred by Japanese soldiers.

April 15, Japanese soldiers entered Chai Am-Ni village and gave orders that all the male Christians were to assemble in the church as a lecture was to be given them. In all some twenty-three men went to the church as ordered and set down wondering what was to be happen. They soon found out the nature of the plot as the soldiers immediately surrounded the church and fired into it through the paper windows. When most of them had been either killed or wounded, Japanese soldiers cold-bloodedly set fire to the church which readily blazed. Some tried to make their escape by rushing out, but they were immediately bayonetted or shot. Six bodies were found outside the church, these having tried in vain to escape.

Then the soldiers set the village on fire and left.

서울에서 수원으로 가는 도중 일본경찰에 의해 살해당해 버려진 여학생의 시신

.A Korean girl student killed by the Japanese police and abandoned
at the roadside while traveling from Seoul to Suwon.

자유를 주장한 대가로, 일본이 행한 고문과 야만주의

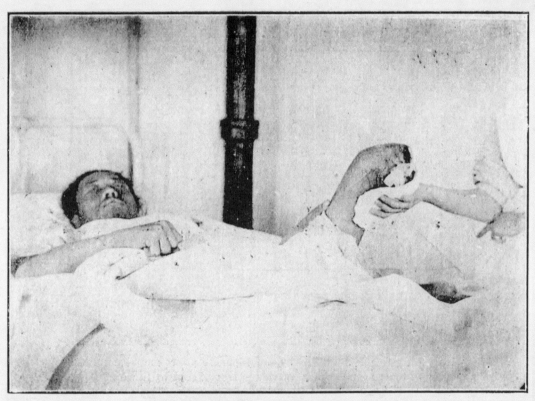

For the cause of freedom.
Acts of Japanese torture and barbarism.

자유를 주장한 대가로, 일본이 행한 고문과 야만주의

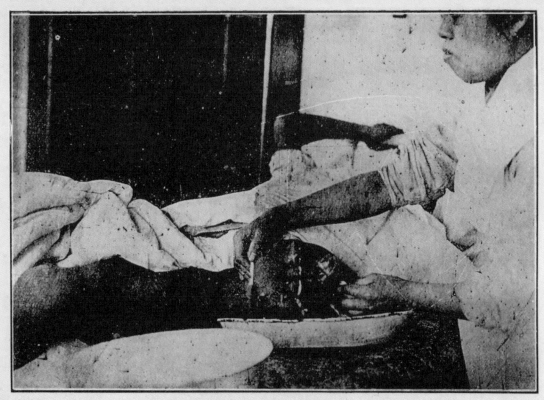

For the cause of freedom.
Acts of Japanese torture and barbarism.

자유를 주장한 대가로, 일본이 행한 고문과 야만주의
'외과'라는 한글이 있는 것으로 보아 세브란스병원이 아닌가 추정된다.

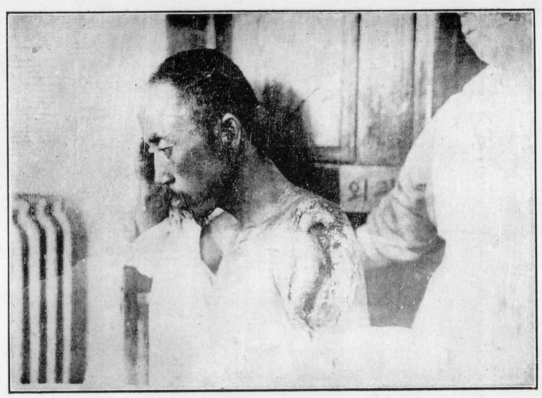

For the cause of freedom.
Acts of Japanese torture and barbarism.

자유를 주장한 대가로, 일본이 행한 고문과 야만주의

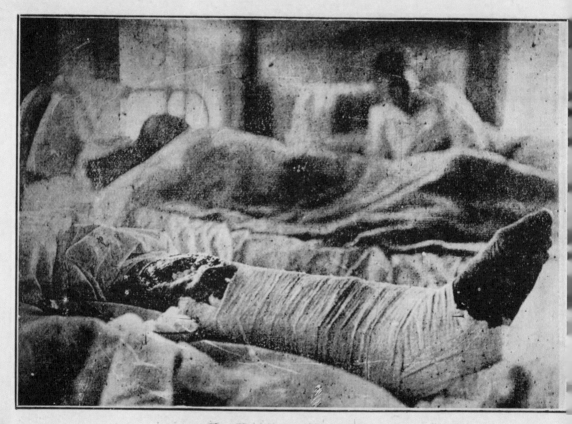

For the cause of freedom.
Acts of Japanese torture and barbarism.

만세를 외쳤다고 하여 일본경찰에 의해 감옥으로 잡혀가는 아낙네들

Japanese policeman
taking Korean women to prison for
shouting "Long Live Korea".

일본의 지배로부터

1919년의 처형. 이 사진은 일본 군인에 의해 처형당한지 몇분 후에 국제영화사에서 촬영한 사진이다.

FROM THE JAPANESE DOMINATION

CRUCIFIXIONS IN 1919

This photograph was taken by the International Film Co. a few minutes after the execution by the Japanese soldiers. The Korean

From the Japanese domination.
Crucification in 1919.
This photograph was taken by the International Film Company a few minutes after the execution by the Japanese soldiers.

만세운동으로 일본군에 의해 살해된 조선인들의 장례식

Funeral for those who have been massacred
by the cruel Japanese soldiers in the Independence Movement.

만세운동 참여를 이유로 행해진 태형. 대나무로 엉덩이를 90대 맞았다.

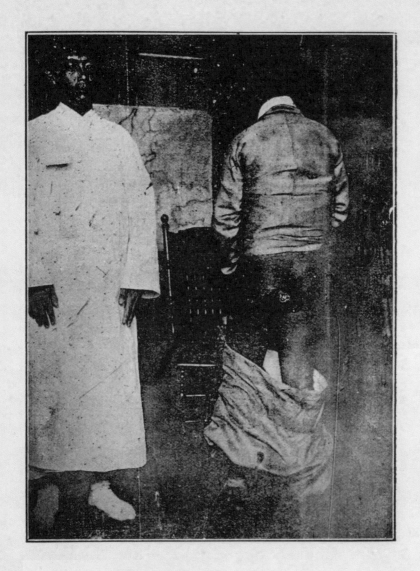

For the cause of freedom. Acts of
Japanese torture and barbarism.
Buttocks beaten into mesh
with 90 blows of bamboo.

심하게 맞고 석방된 여성의 넋잃은 모습.
그녀는 일본의 고문을 받고 희생당한 사람들의 시신과 3일동안 함께 있었다.

Released girl prisoner
who was terribly beaten and kept
for three days with the bodies
of those who died as a result
of the Japanese tortures.

조선인 혁명가를 도왔다는 이유로 체포되어 용수를 쓰고 재판장으로 향하는 외국인

A foreigner who was arrested for
harbouring Korean revolutionists on way
to trial with his head covered.

모 펫(Moffet, Samuel Austin, 1864-1939)
1890년 조선으로 건너와 서울에서 전도한 뒤, 평양에서 활동하였다.
1918년 숭실전문학교 교장으로서 기독교 교육과 선교활동에 매진하였다.

독립문에서 국기를 바라보는 조선인들. 3·1운동 전에는 볼 수 없었던 태극기의 모습이 선명하다.

만주 용정 만세운동
조선의 독립선언을 축하하는 만주 용정의 조선인들

Koreans at] Yo
Independence of Korea.

Town, North Manchuria celebrating, the Declaration of

대한적십자회 의료진과 참여인사들

Office

Korean Red Cross Society

Official Statemeant of the Korean Red Cross Society

The Aid Class of 1919.

참고자료 **상해 대한적십자회 간호양성소**

대한적십자회는 임시정부를 지원하는 일 외에도 독립전쟁에 대비하여 간호원양성소를 1920년 1월 31일에 개설하였다.

간호원양성소의 수업기한은 3개월이었고, 매주 18시간의 수업을 받으면서 실습은 중국 홍십자병원紅十字病院에 근무하던 김창세의 주선으로 상해 각 병원에서 실시하였다. 수업은 간호과의 과목 이외에도 의학과목을 부과한 것은 독립전쟁에서의 의사부족을 충당하기 위해서였다. 당시 입소한 학생은 모두 중등교육을 마친 남자 3명, 여자 10명이었다. 그러나 적십자 간호원양성소는 운영자금의 부족으로 1920년 1기생을 배출하고 중단되었다.

July 1st, 1919.

We, the legally elected representatives of the members of the Red Cross Society of Korea, hereby declare that we have this day reconstituted the Korean Red Cross Society, and we further declare that henceforth the agreement of amalgamation of the Korean and Japanese Red Cross Societies is null and void, and all relations hitherto existing between the two bodies are hereby dissolved.

In taking this step a few words of explanation are necessary.

The original agreement of amalgamation was forced upon the Korean Red Cross Society by the Japanese by fraud and threats. It was consummated illegally and its motive was immoral.

The Japanese Red Cross Society has enrolled the Korean members by force and compelled contributions from them by threats of violence.

The Japanese Red Cross Society has failed to perform its fundamental duties toward the Korean people since the amalgamation of the two organizations. There have been many occasions when the Korean people sorely needed

---

relief, but the Japanese Society has consistently failed to show any consideration for the Korean sufferers.

Over 15,000 Korean Lives Destroyed

Our Red Cross Society was organized long before this infamous amalgamation. It always had the true conception of the spirit of humanity and self-sacrifice. Its aim has been to play an important part in the world wide movement for the relief of human suffering, for the development of the Red Cross spirit among mankind, to prevent unnecessary wars, and to alleviate the sufferings ensuing from all calamities. But when our national sovereignty was filched away and our country was annexed to Japan in 1910, our organization likewise followed the fate of the nation and was forced to amalgamate with the Japanese Society. But our experience of the last decade has conclusively demonstrated the fact that the Japanese Red Cross has not been, and never will be able to fulfill its mission in Korea.

According to all authentic statistics and official records, both Korean and foreign, over 15,000 Korean lives have been ruthlessly sacrificed during

---

the "Pacification Period," dating from the time of the annexation in 1910, to January 1st, 1919. Since the Declaration of Independence on March 1st, 1919, over 10,000 lives have been destroyed, and nearly 30,000 men, women and children have been arrested. Most of these prisoners have received physical injuries at the hands of the Japanese, and their lives are slowly ebbing away in the overcrowded prison cells. As if that is not enough punishment for our patriotic people, the Japanese are constantly inflicting all forms of torture upon them, so that they may die quicker to make room for the constantly increasing number of new prisoners. This horrible condition is known to the Japanese Red Cross Society, but so far no assistance of any kind has been rendered to these suffering people. It has not only been neglectful in its duty to our people, but it is also ungrateful, for so far over 10,000,000 yen ($5,000,000) of our people's money has been paid into the treasury of the Japanese Red Cross Society for membership fees alone. Yet at this time, when these people are so urgently in need of relief and so deserving of human treatment, the Japanese Society looks on with indifference. Therefore, we consider the Japanese Red Cross Society a moral failure.

Struggle is in Self-defence

However, our aim is not to find fault with the Japanese Society, nor do we cherish a feeling of animosity toward it. We have now reorganized our own Red Cross Society and we must devote our time and energy to perform our sacred duties to our people and the world in general. Our first purpose is to undertake the work which the Japanese failed to perform in Korea, and at the same time we must combat the base impulse of those people whose motto is to rob, kill, and destroy their neighbors for greed and self-aggrandizement. We also must not overlook the other cause of suffering, such as epidemic diseases which usually spread through ignorance of the rules of sanitation, and living in unhygienic environments.

We are not discouraged nor think it strange that the sky over us is still black, that chaos, disorder, and misery still run riot throughout our beloved land. We believe these to be the receding clouds of political oppression, race hatred and religious intolerance. In fact, even now there is beginning to emerge from the shadow a new spirit, and a new intelligence which stands for the promotion of everlasting truth that *Humanity's welfare is*

Humanity's first consideration, and that service and sacrifice run in ever-widening circles as the range of mutual understanding grows. We must, therefore, courageously and cheerfully advance without fear or sadness toward the bright sunshine of human progress.

The struggle our people are so heroically waging since the first of March is not born of a feeling of anger but in *self-defence*. Without thoughts of hatred, without arms with which to injure others, without motive of selfish interests, without fear of death, torture, and destruction of property, we are determined to continue our struggle. We do this not only for our political independence and religious freedom, but also for the ultimate benefit of 400,000,000 Chinese, and 50,000,000 Japanese. In the victory of our cause lies the emancipation of these people who are now the abject slaves of their heathen militarist rulers.

While the Peace Conference and the League of Nations are forming to reduce the causes of future wars, let us push on with the Red Cross in our hearts and on our banners. This will do far more to check the base impulses of man and keep alive the consciousness of human kinship.

The Representatives of the Members of the Korean Red Cross Society.

Ahn Chang Ho	Chang Kim Sang	Chung Kim Mo	Yi Kwang Soo
Paik Choon	Kang Tai Tong	Chung Chai Myun	Shim Chong Yul
Kim Tai Yun	Kim Han	Kim Koo	Han Chin Kyo
Kim Soon Ai	Oh Eui Sun	Choi Ill	Yi Won Ik
Oh Chung Eun	Soh Pyeng Ho	Kim Won Kyung	Kim Po Yun
Yi Yung Yul	Kang Hyun Suk	Yi Kyung Wha	Lim Chai Ho
You Ki Choon	Kim Woon Kyung	Yi Pong Soon	Ko Ill Chang
You Pai Yowng	Kim Duk	Han Woon Young	Lee Choon Sook
Ko Seung Kyun	Lim Pong Nai	Chung In Kwa	Oh Ik Pyo
Yi Kyu Kap	Shin Sang Wan	Paik Sung Youk	Kim Pyung Cho
Kim Si Yung	Pak Nam Sup	Hyun Soon	Yun Po Sun
Yi Sin Sill	You Herng Sik	Ahn Chang Kim	Son Chung Do
Whang Chin Xun	Ok Sung Pin	Kim Chang Seuh	Kim Seung
Cho Wan Koo	Lim Duk Sun	Choi Kim Woo	Moon Suk Chin
Kim Po Kwang	Ryung Hun	Song Chang Wook	Chin Dai Kuei
Kim Seung Kyum	Kim Chul	Won Sei Hoon	Kim Kap
Kim Hong Suh	Yi Hi Kyung	Reyl Pyeng Eun	Kang Dai Hyun
Yi Ki Ryoung	Son Doo Whan	Min Chei Ho	Kim Sung Kim
Lynh Woon Hyung	Kim Si Hyuk	Kim Chang Sai	Paik Nan Ku
Yi Duk Chong	Yi Wha Sook	Rey You Pill	

Officers of the Reconstituted Korean Red Cross Society

President	H. K. Rey, M. D.
Vice-President	Ahn Chung Kim
General Manager	P. H. Soh
Secretary	T. Y. Kim
Treasurer	P. C. Kim
Examiners	S. B. Oak
	C. S. Kim, M. D.
	T. Y. Kim
Delegate to the League of Red Cross Societies	K. Y. Lee

Board of Directors

K. S. Yi	Chul Kim	S. B. Oak
K. S. Chang	S. H. Won	C. D. Son
T. Y. Kim	Soon Hyun	P. H. Soh
I. K. Chang	P. Y. Kim	W. S. Yi
T. T. Kang	H. S. Kim	I. C. Koh
Han Kim	E. S. Oh	P. C. Kim
C. S. Lee		K. R. Yi

미국 다누바지역 대한적십자대의 3·1운동

대한적십자사는 1905년 10월 27일 설립되었지만 1909년 일본적십자사에 흡수되었으며 1910년 8월 강점으로 폐사되었다. 그렇지만 3·1운동 이후 대한민국임시정부가 조직되면서 국내외에서 일본군과 투쟁하는 독립군의 의료기관으로서의 전상병 구호를 위하여 대한적십자회의 필요성이 제기됨에 따라 1919년 8월 29일 중국 상해에서 부활되었다. 회장에는 의사인 이희경이 추대되었다.

회장 이희경은 적십자회 설립 이후 운영에 대해서도 기초를 다져나갔다. 먼저 회규를 작성하여 9월 19일 개최한 상임위원회에 제출하였으며, 이를 서병호와 정인과를 수정위원으로 선정하여 수정 통과시켰다.

회규에 의하면 적십자회의 목적을 '戰時 및 天災事變의 傷病者를 救護함'으로, 이를 달성하기 위해 "平時에 在하여 議院을 經營하며 必要한 救護人員의 養成 및 醫務材料를 募集하며 戰時 및 天災事變의 應急準備를 充足케 함, 戰時에 在하여는 當該 官吏 命令에 의하여 傷病者 救護에 從事함"을 사업으로 정하였다. 또한 이날 회의에서는 회장 이희경은 대외 선포문을 영어로 번역하였다. 그리고 고문으로 이승만, 이동휘, 안창호, 문창범을 추대하였다.

한편 대한민국 대한적십자회 회장 이희경은 적십자 사업을 확장하기 위하여 9월 하순 친구 두명과 함께 상해를 떠나 1919년 10월 29일 시애틀에서 한인을 심방하고, 1919년 11월 1일 샌프란시스코에 도착하였다. 이희경은 2일 오후 8시 샌프란시스코 대한부인애국단과 샌프란시스코 청년회의 환영회에 참석하였다. 그는 이 자리에서 자신이 국내에서 경험했던 3·1운동의 실상과 우리 동포의 참상, 대한민국 임시정부의 수립과 통일된 임시정부의 수립 문제, 대한민국 대한적십자회의 수립과 조직 확장 등에 대하여 말하였다. 이희경은 워싱턴으로부터 특전을 받고, 임시정부의 지원 및 워싱턴구제회의 설립 등을 위해 11월 8일 샌프란시스코를 떠났다. 그는 한인이 다수 거주하는 스탁톤, 새크라멘토, 맥스웰, 다뉴바, 로스앤젤레스, 푸에블로 등지의 한인을 만나 10만 달러를 모아 1919년 11월 22일 샌프란시스코에 돌아왔다. 얼마 뒤 그는 대한적십자회 북미지방총회(북미지부)를 조직하였다. 회장은 임정구, 서기 겸 재무는 최진하, 감사는 조성학, 평의원은 김현구·백일규·황사선이었다. 당시 임정구는 대한인국민회 북미지방총회의 회장대리, 최진하는 서무원이었고, 대한적십자회 북미지방총회는 대한인국민회 북미지방총회의 간부와 주도인물을 중심으로 구성되었다. 사무실은 캘리포니아주 샌프란시스코 히웨스Hewes 빌딩 414호였다.

한편 이희경은 이듬해인 1920년 6월 21일 샌프란시스코에서 열린 임시정부 이승만 대통령의 환영회에 대한적십자회 대표로 참석하였다. 이처럼 미주 한인사회에서 대한적십자회 지원 요청 활동을 마친 이희경은 10개월 만인 1920년 7월 13일 상해로 귀환하였다. 대한적십자회 북미지방총회 사무원 최진하는 1920년 3월 12일 신한민보에 광고를 실어 대한적십자회의 회원을 모집하였다. 먼저 그는 대한적십자회의 목적이 평시에 있어서는 의원을 경영하며 필요한 구호인원의 양성 급 의무재료를 모집하며, 전시 급 전재 사변의 응급준비를 충족케 하고, 전시에 있어서는 당회 관리 명령에 의하여 상병 구호에 종사하는 데 있다고 안내하였다. 그리고 회원의 종류는 일시금 1,000달러 이상 납연자의 명예회원, 일시금 200달러 이상 납연자의 특별회원, 일시금 25달러 이상 납연하거나 매년 3달러씩 10년을 납연하는 정회원의 세 가지가 있음을 소개하였다. 이어 그는 원적(한문), 연령, 현주소(영문로마자), 청원 일시, 청원인 이름을 적어 회비와 함께 제출하도록 하였다. 그리고 그는 이미 회비를 납부하여 적십자 회원이 된 사람은 명부를 만들기 위하여 원적은 한문, 주소는 영문, 성명은 한문, 연령을 적어서 보내도록 하였다. 이러한 활동에 힘입어, 미국 북동부의 시카고와 필라델피아에서 의연금 모집이 확대되었다. 필라델피아에서는 1920년 3월 박영로가 중국인으로부터 대한적십자회 의연금 50달러를 모금하였고, 시카고에서는 김기선이 많은 돈을 출연하였다. 하와이에서는 1920년 5월 30일 호놀룰루에 거주하는 한인 수십명이 대한적십자회 하와이지부를 조직하였다. 임원인 황사용, 황인환은 임시규정을 기초하고 대한적십자회의 발전을 위해 노력하였다. 그렇지만 이 지역에는 대한부인구제회의 활동이 강하였고, 이후 대한적십자회의 활동이 잘 확인되지 않는 것으로 보아 회세의 증가는 거의 없었던 것 같다. 조규태, 「대한적십자회의 설립과 확장, 1919-1923」 『한국민족운동사연구』 2020..

태극기와 적십자대 간호사
1920년

적십자대의 토대가 된 다누바 기독교인들
1919년

5-003

다누바에서의 태극기와 성조기
미국 적십자사와 대한적십자는 밀접한 관련이 있었을 것으로 보인다.
1920년

5-004

다누바에서의 3·1운동 2주년 기념식
1920년

5-005

다누바에서의 음악대
1920년 3월 1일

1920년 3월 1일 행사에 참여한 적십자대

적십자대와 청년군단
1920년 3월 1일

적십자대와 함께 한 청년군단
1920년

적십자대와 청년군단
1920년

자동차로 3·1운동을 기념하는 적십자대와 청년군단
1920년

3·1운동 기념행사 참가 자동차들
1920년

5-015

3·1운동과 태극기

1920년

5-016

3·1운동과 태극기

1920년

3·1운동행사

1920년

5-021
5-022
태극기와 더불어 행진하는 적십자대
1920년

행진하는 적십자대
1920년

5-026

미국 다누바지역 대한적십자대의 3·1운동
어린이 적십자대와 태극기

1920년

5-027

하와이 구제회

구제회는 적십자와 상호 밀접한 관련을 맺고 있다.
1920년

멕시코와 쿠바
대한적십자회의
3·1운동

1919년 3·1운동이후 중남미에서는 멕시코와 쿠바에서 대한적십자회 회원들의 증가가 현저하였다. 대한적십사회 멕시코지부 책임자 임천택의 노력으로 1920년 4월 오경천, 석태성, 방경림, 김기운, 임창식, 이천만, 이운서, 이춘범, 강명원, 전경운, 이기종, 장영진, 이춘성, 이영순, 김용수, 김사진, 김현기, 한성진, 김동완 등 19명이 회원으로 가입하였다(신한민보 1920년 4월 9일자, 적십자회금).

임천택은 그후 1921년 쿠바로 이주한 후 마탄사스지역을 중심으로 활발히 적십자 활동을 전개하였다. 3·1절 5주년을 맞이하는 1923년에는 신한민보 1923년 3월 8일자에, 〈삼일절에-일반동포에게 몇마디 말로-임천택〉을 기고하였으며, 신한민보 1923년 3월 23일자, 〈쿠바 마탄사스지방회 굉장한 삼일절 경축〉기사를 보면, 임천택은 적십자 대표로 참석하여 독립선언서를 낭독하고 있다. 이때 김치일(쿠바 마탄자스지방회 회장), 이종현(쿠바 마탄자스지방회 외교원), 박창운, 서병학, 서문경, 임천택(쿠바 마탄자스지방회 서기), 이옥동, 이옥진, 이노대, 김홍서 쿠바 마탄자스지방회 법무원 등 다수가 참여하였다. 특히 주목되는 것은 3·1운동 행사시 태극기와 쿠바기와 적십자기를 세웠고, 일반인, 학생들과 더불어 적십자대도 참여하고 있다는 점이다. 그 만큼 적십자회가 중요한 의미를 갖고 있었다고 볼수 있다. 또한 임천택의 활발한 활동으로 마탄사스의 한글학교인 민성학교 사진에서도 적십자 표장을 한 모자를 쓴 여학생들을 확인할수 있다.

한편 1920년 적십자 회원이 된 김익주는 동년 8월에 멕시코 탐피코에서 적십자 발전을 위해 크게 기여하였다. 특히 그는 쿠바에 가서 상당액의 대한적십자회 의연금을 모집하기도 하였다(1920년 8월 5일자 신한민보, 「김익주군의 열성, 적십자회 발전을 위하여」)

01

쿠바 마탄사스 3·1절 기념행사에 나붓낀 적십자기
—
임천택

1903년 경기도 광주 출신으로, 2살 때인 1905년 4월에 어머니를 따라 멕시코 유카탄Yucatán으로 이민을 갔다. 그 뒤 에네켄henequén 농장에서 일하다가 1921년 3월에 다시 쿠바로 건너가서 마탄사스Matanzas에 정착하였다. 6월 14일에 마탄사스에서 대한인국민회 쿠바지방회Cuba 地方會가 설립되었을 때 서기로 활동한 이후 쿠바지방회가 마탄사스지방회로 바뀌어도 여전히 서기를 맡았으며, 그 뒤에도 부회장, 재무, 총무, 학무원, 대의원, 평의원, 대표원 등을 지냈다. 1942년에는 마탄사스지방회의 고문으로 추대되기도 하였다.

한편 1922년 11월 1일에는 민성국어학교民成國語學校가 설립되었는데, 이곳에서 교사를 맡아 한인 2세의 민족교육에 힘썼다. 1932년에 민성국어학교의 교장으로 활동하면서 3월 10일에 청년학원靑年學院을 설립하였다. 청년학원은 12세 이상의 한인 청소년에게 조선의 역사와 문화를 가르쳐, 한인 청년들을 장래 한인 사회의 지도자이자 독립한 조국의 건설 일꾼으로 육성하려는 교육기관이었다. 또한 1938년 7월 10일에는 마탄사스에서 대한여자애국단大韓女子愛國團이 창설되었는데, 고문으로 추대되어 쿠바 한인 여성들이 독립운동에 조직적으로 참여할 수 있는 길을 열어 놓았다.

1997년 8월에 쿠바 한인으로는 처음으로 대한민국 건국훈장 애국장을 받았다.

참고문헌
임천택 [林千澤]
(한국민족문화대백과, 한국학중앙연구원)

1930년대 쿠바 대한적십자회 봉사단 발대식

신한민보 The New Korea

6-003

신한민보 1923년 3월 22일자

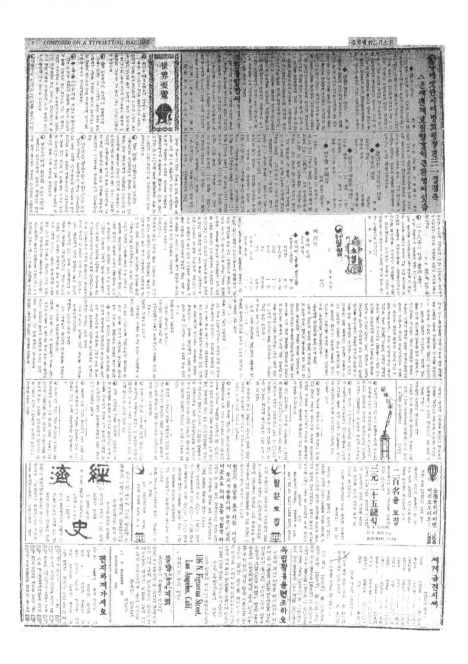

6-004

임천택 부부 사진

6-005

임천택 가족 사진

6-006
민성국어학교 학생들 중 적십자 표장 모자를 쓴 학생들

엘볼로 농장 내의 민성국어학교
한국이민사박물관 제공

민성국어학교

대한여자애국단 여학생들,
이들이 대부분 적십자 여성 회원으로
활동하였다

한국이민사박물관제공

대한여자애국단 기념
1938년

Fundación de la Filial de Mujeres Coreanas

Mes de Junio de 1938

임천택,『큐바이민사』 태평양주보사, 1954.

이 책은 한인 사회의 지도자 임천택이 자신의 경험을 바탕으로
쿠바 한인 이민자의 삶과 민족운동의 상황 등을 최초로 정리한 것이다.

쿠바 한인 이민력사

二,

(사진설명)— 一九五
쿠바 한인 이민력사

02
멕시코 적십자 대표,
김익주
Joaquin Kim Lee,

1873년에 황해도 재령군 남률면 봉고동에서 태어났다. 1905년에 멕시코로 이민을 가서 유카탄의 초촐라Chochola 농장에서 일하였다. 김익주는 탐피코에서 식당을 경영하면서 대한인국민회大韓人國民會 탐피코지방회를 결성하였으며, 회원 등록과 함께 독립의연금 모금에 앞장섰다. 1917년부터는 탐피코지방회의 파출위원派出委員을 역임하였다. 이때 여러 차례에 걸쳐 대한인국민회에 자금을 지원하였고, 멕시코에 거주하는 동포들이 독립의식을 갖도록 애썼다.

1919년에 3·1운동이 일어나자, 김익주는 매일 밤에 회원들과 자신의 집에 모여 후속 대책을 협의하였다. 특히 미국의 국민회와 연락하면서 향후 조처에 관하여 협의하였다. 1919년 4월에 중국 상해에서 대한민국임시정부가 수립되자, 임시정부를 지원하기 위해서 멕시코 탐피코지방회의 이름으로 여러 차례 독립운동 자금을 보내기도 하였다. 또한 상해에 본부를 둔 대한적십자회에도 가입하여 활동하였다. 1922년 이후에는 탐피코지방회 회장을 맡아 3·1운동 기념행사, 순국선열기념식 등을 주관하며 한인 사회에서 민족의식을 높이려고 노력하였다.

1930년 멕시코시티에서 '한인자성단'을 결성하였으며, 1941년 태평양전쟁이 발발하자 조국독립의 의지를 더욱 불태우며 독립운동 자금 모집에 힘을 쏟았다. 1955년 조국의 통일을 열망하다가 멕시코시티에서 운명하였다. 2014년 멕시코시티의 돌로레스 공동묘지Panteon Civil Dolores에서 대한민국 정부의 지원으로 환경이 쾌적한 멕시코 정원묘지 Panteon Jardin de Mexico로 천묘하였다.

대한민국 정부에서는 선생의 공훈을 기리어 1999년에 건국훈장 애국장을 추서하였다.

김익주의 경우, 국가보훈처『공훈록』에는 출신지가 '평안남도 평양'으로 되어 있다. 그러나 「在墨同胞人口登錄(재묵동포인구등록)」(1919)에 의하면, 김익주의 원적지는 '황해도 재령군 남률면 봉고동'으로 되어 있다.

도산안창호선생기념사업회, 『미주지역 한국민족운동사 자료집 4』, 국학자료원, 2004, 371쪽

6-012

김익주 사진

6-013

대한적십자회 메달

1920년, 대한적십자사 제공

김익주 대한적십자회 회원증
1920년, 대한적십자사 회장 이희경 발행
대한적십자사 제공

6-015
김익주가 탐피코에 세운 한옥양식의 정자
독립기념관 김도형 제공

김익주의 묘소(멕시코시티)
독립기념관 김도형 제공

러시아
대한적십자회의
3·1운동

3 1운동이 일어난 1년 후인 1920년 3월 1일, 블라디보스토크에서는 독립선언기념축하식이 거행되었다. 당일의 기념식에 대해 상해의 『독립신문』 1920년 3월 6일자에서 다음과 같이 보도하였다.

〈해항동포의 3 · 1절 축하〉에서 해삼위에 대한 우리학교들은 지난 1일에 독립선언 1주년기념 축하연을 거행하고, 인하여 대오를 작하며 시내도 시위 운동을 행하다.

모인자 약 2만이라. 20여인은 열변으로 대한의 독립은 피를 흘려야 할지니, 동포여 무력을 예비하라. 저 폭악한 적과 최후의 싸움을 할 결심을 가지라 절규하다.

폐식후 오후 4시에 만찬회를 열었는대 러시아와 중국의 신문기자, 상업가 등도 참석하다. 석상에서 이발, 김치보, 김하구 제씨는 일본의 대러시아중국정책을 연설하야 한국 러시아 중국 삼국연합의 필요를 고창하고 러시아인 기자들도 간곡한 답사를 하였다.

고려영高麗營 후변後邊에서는 동포 1,000여인이 축 대한독립선언기념회 대한민국 만만세라 쓴 크고 작은 깃발 수십장을 가지고 러시아인 군악대의 주악속에서 행보를 한 후 한국만세를 제창하고 두부대로 나누어 시내를 행진하였다.

이날 주둔 중인 일본군은 형세에 황겁하야 무장출동하엿는대, 러시아혁명군은 이에 대항키로 역시 무장하고 한인을 보호하였다. 일본군이 감히 발포치 못함으로 충돌은 발생하지 아니하였다.

3 · 1운동 1주년 기념식을 준비한 주체는 대한국민의회와 신한촌 민회였다. 블라디보스토크의 한인들은 2월 말부터 대한민국임시정부 국무총리 이동휘의 부친인 이발을 회장으로 한 '대한독립선언기념회'를 조직하고 성대한 기념식을 준비하였다. 이 기념식에는 블라디보스토크 주재 각국 영사, 러시아 관헌 그리고 각 신문사의 대표들이 초청되었다. 그리하여 3월 1일 신한촌에서 대한적십자회 등 20여개 단체가 참가한 기념식이 개최되었다.

기념식에는 대한적십자회 대표가 연설을 하였다. 아울러 러시아사회민주당 대표로 로렌이 참석하여 축사를 하였으며, 볼세비키의 대표로 유크발노쏘바가 축사를 하였다. 그 외에도 임시정부 육해군총사령관의 부관, 블라디보스토크시 위수사령관 등 혁명정부 대표자와 크라스노예즈나먀(붉은 기)지 등 유수의 러시아 신문사 대표자, 라트비아 대표인 동양학원 슈미트 교수를 비롯한 각국의 영사들 그리고 중화상보中華商報 주필 및 기자, 중국상무총회中國商務總會 회장 등 블라디보스토크시 각 사회단체 대표자들이 참가하였다. 당시 연해주에 출병하였던 일본군은 비상태세를 갖추고 무장출동을 계획하였지만, 러시아혁명군의 견제로 기념식을 그냥 두고 볼 수밖에 없었다.

블라디보스토크 지도
1920년 6월. 블라디보스토크 일본군 사령부 작성

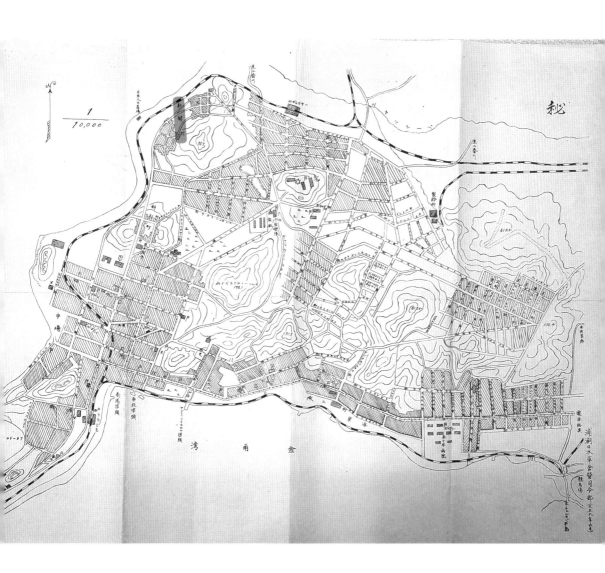

신한촌지도

1920년 6월

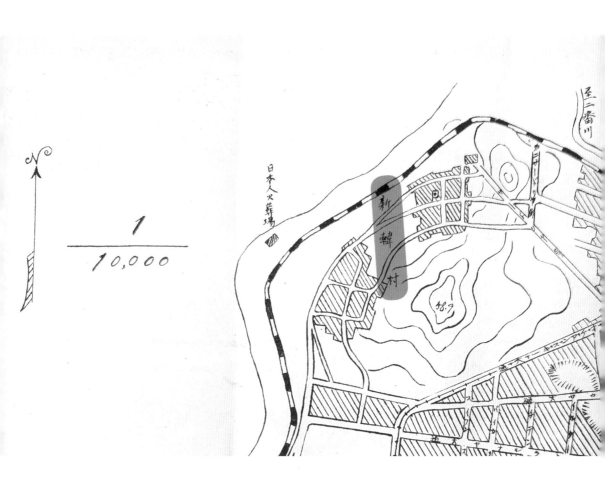

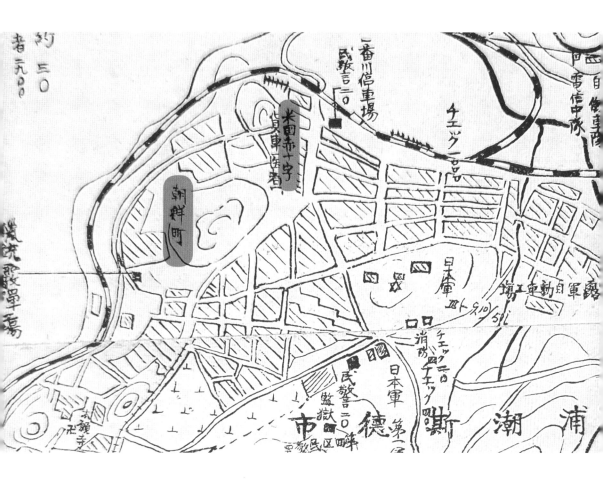

블라디보스토크 금각만

7-007

신한촌 전경

권업신문 소재

7-008

신한촌 원경

從軍畫報──海蔘威市背後朝鮮人市街（金外從軍記者搜影）

블라디보스토크

7-012
러시아 정교 사원과 묘지 그리고 멀리 신한촌 첫번째 강지역이 보인다
1918년

7-013

블라디보스토크 연해주 주청사(현재) 맞은 편 아리우스카야 거리.

우측 멀리 보이는 건물이 일본군사령부이다. 1918년

7-014

블라디보스토크 조선인거리 유곽 원경

산위의 가옥이 조선인 마을이다. 1918년

01
적십자대표 연설사진

적십자 대표 연설과 노인동맹단 회장 이발

우. 대한적십자회 대표 김모여사
좌. 노인단 대표 이발(이동휘의 부친)

7-016
3·1운동 1주년 행사 일본측 보고
- 적십자 대표가 강단에 서있다.
- 좌측은 노인회 회장 이발.

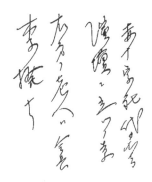

7-017
한국독립선언기념회
1920년 3월 5일 보고문

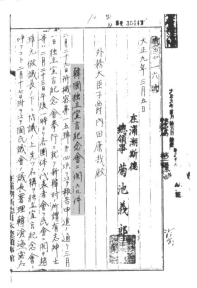

7-018
한국독립선언 - 적십자사 대표 김모.
1920년 3월 5일 보고문

7-019
대한적십자사의 참여
1920년 3월 5일 보고문

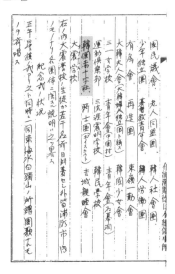

7-020
러시아 정교사원 계단에 마련된 식장

신한촌에 있는 러시아 정교사원 계단에 설치된 3·1운동 기념행사 식장

7-023
남측으로부터 바라본 기념식장의 원경

7-024
3·1운동기념식장

7-025

적십자 대표가 강단에 오르다

좌측은 노인회 회장 이발

민회 앞, 하바롭스크 거리

7-028

(적십자간호사들)만세행렬이 정교사원 동쪽으로 가고 있다.

7-029

만세행렬이 정교사원 동쪽으로 가고 있다.

7-030

행렬 참여 동포들이 니콜스카야거리 북쪽을 향해가고 있다.

7-031

만세행렬이 니콜스카야거리 북쪽을 향해 걸어가고 있다.

7-032

만세행렬이 하바롭스크거리에서 니콜스카야거리 북쪽을 향해 걸어가고 있다.

7-033

니콜스카야거리 북쪽을 향해 가고있다.

7-034

니콜스카야거리 북쪽을 향해 가고있다.

7-035

니콜스카야거리 북쪽을 향해 가고있다.

7-036

행렬이 니콜스카야거리 북쪽으로 오르고 있다.

독립선언기념문

거리에 만세운동하는 사람들이 모여있다.

러시아지역
대한적십자회의
주요 인물들

대한적십자회는 러시아의 블라디보스토크를 비롯하여 우수리스크, 이르크츠크, 옴스크 등지에 이르기까지 시베리아의 여러 지역에 조직을 갖추고 있었다. 러시아 지역의 적십자 조직은 대한민국 임시 정부의 중심인물이며, 대학적십자회의 고문인 이동휘, 문창범 그리고 안중근의 동생인 안정근 등이 중추적인 역할을 담당하였다. 아울러 박처후, 곽병규 등이 실질적인 책임자 역할을 하였으며, 이동휘의 딸들인 이의순, 이예순 그리고 채성하의 딸들인 채계복, 채계화 등 여러 여성들이 주요 구성원으로 활동했다. 또한 공산주의자인 이인섭의 관여도 주목된다.

이동휘가족 사진
왼쪽 위 남성 이동휘, 가운데 남성 이발

오영선과 이의순

8-003

문창범

대한적십자회 고문

8-004

이인섭

옴스크 적십자회 회장

8-005

박처후

러시아 대한적십자회 대표

8-006
곽병규
러시아 대한적십자회 대표(앞줄 왼쪽 세번째)
동은의학박물관 소장

곽병규

세브란스병원 의학교(뒷줄 오른쪽)
동은의학박물관 소장

시베리아에 파견된 미국 적십자원들
옥성득 교수 제공

THE RED CROSS PARTY
FRONT ROW, LEFT TO RIGHT; DRS. TIPTON, LUDLOW, MANSFEILD
BACK ROW, LEFT TO RIGHT; NURSES, ESTEB, BATTLES, ROBERTS, LUDLOW, REINER

러시아 연해주 적십자 한인 간호사
기념우편엽서

POST · CARD

CORRESPONDENCE

ADDRESS

ARTUR
ARTUR
PLACE
STAMP
HERE
ARTUR
ARTUR

8-010
러시아 연해주 적십자 한인 간호사 기념사진엽서

러시아 적십자 간호사 명단

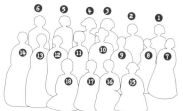

⑥	⑤	④	③	②	①
도단경		서명미상	온	간도에서	자일의 처
⑭	⑬	⑫	⑪	⑩	⑨	⑧	⑦

⑭	⑬	⑫	⑪	⑩	⑨	⑧	⑦
이혜근	채계복 (채성하의 딸)	이의순	러시아 부인	미국인미스 후리게	박처후의 처	우봉운 (간도애국부인회장)	함세인의 처

⑱	⑰	⑯	⑮
박인섭의 딸	조동운의 딸	채계화 (채성하의 딸)	이예순 (이동휘의 딸)

鮮人看護婦寫眞說明

都園鄉	門島弓 李府セルモノ	姓名不明	張一ノ妻
		咸世仁ノ妻	角鳳雲(南島寓博〈今長〉)
李惠根	李義橼	蔡啓福(蔡咸河ノ娘)	朴處厚ノ妻
		露婦人	赤人ミス、ブリッゲ
朴仁燮ノ娘	趙東雲ノ娘	蔡桂花(蔡咸河妻)	李李蘿順(李東輝ノ娘)

2부

대한적십자회의
조직과 활동

대한적십자회 3·1운동 영문사진첩
The Korean Independence Movement

Ⅰ. 서언

1919년 국내에서 전개된 3·1운동은 사진을 통하여 미국, 캐나다, 프랑스, 일본, 중국 등 전 세계로 퍼져 나갔다. 사진을 촬영한 사람들은 선교사, 기자, 외교관 등 다양한 사람들이었다. 이 사진들은 선교본부를 통하여 또는 신문들을 통하여 알려졌다. 그 가운데 영어, 프랑스어로도 작성되었다. 전자는 대한적십자회(임시본부 상해), 후자는 파리위원부에서 제작한 책자를 통하여 살펴볼 수 있다.

대한적십자회(임시본부 상해)에서는 1920년 상해에서 3·1운동 영문 사진첩 '한국독립운동The Korean Independence Movement'을 간행하였다. 가로 23㎝, 세로 15㎝의 신국판 크기로 표지를 포함해 총 52쪽으로 구성돼 있다. 화보에는 발행 지역이 상해로 명기돼 있으나 발행처는 책의 뒷면에 대한적십자회의 조직과 구성 등에 대하여 상세히 기록하고 관련 사진들을 2장 싣고 있는 것으로 보아 상해에 있던 대한적십자회가 발행하였음을 짐작해 볼 수 있다. 출판사는 Oriental Press로 되어 있다. 발행 일자는 표시되어 있지 않으나 1920년으로 추정된다. 대한적십자회가 독립전쟁에 대비하여 간호원 양성소를 1920년 1월 31일에 개설하였는데 이때 사진이 마지막 시기 것으로 실려 있기 때문이다. 아울러 1920년 6월에 이 책자 113권이 블라디보스토크 총영사관에 압수된 기록이 있기 때문이다. (조선소요사건관계서류 7책, 국외정보-불온인쇄물 압수의 건)

『한국독립운동』 표지

'한국독립운동The Korean Independence Movement은 대한적십자회에서 3·1운동 당시 일제의 가혹한 탄압 실상을 중심으로 사진자료를 하나로 체계적으로 묶어, 특히 국제적인 인도주의적 선전홍보를 목적으로 제작해 배포한 영문 사진첩이라는 측면에서 주목된다. 이 사진첩에 실려 있는 사진 7장은 An Open Letter By The Women Of Korea에도 그대로 실려 있다. 또한 대한적십자회 샌프란시스코 지회에서 발행한 A Plea from the land of sorrow-korea에도 3장이 그대로 실려 있다.

'한국독립운동The Korean Independence Movement'은 미국 컬럼비아 대학 도서관뿐만 아니라, 최근에는 프랑스 파리의 국제현대사료 도서관-현대사박물관(Bibliothèque de Documentation Internationale Contemporaine-Musée d'Histoire Contemporaine, BDIC-MHC, 보통 BDIC로 불림)에서도 소장하고 있음이 새롭게 밝혀졌다. 아마도 세계적십자사 본부가 있는 스위스 제네바 등에도 소장되어 있을 것으로 추정된다.

그럼에도 불구하고 지금까지 학계는 물론 대한적십자사에서도 이 사진첩에 대하여 관심을 기울이지 못하였다. 『대한적십자사100년사』를 비롯하여 서울에 있는 대한적십자사 본사의 전시관에도 이 사진첩에 실려 있는 적십자회 간호양성소 사진 2장만이 걸려 있을 뿐이다.

본고에서는 이 사진첩의 내용, 역사적 의미 등에 대하여 살펴보고자 한다. 이는 대한적십자회가 일제의 만행에 대하여 얼마나 적극적으로 인도주의적 항일투쟁을 전개해왔는가를 보여주는 좋은 사례가 될 수 있기 때문이다.

Ⅱ. 발간의 필요성

1. 인도주의적 노력 - 일본적십자사의 직무유기와
　미국적십자사의 제암리 구호

1919년 3월 1일을 기하여 국내외에서 3·1운동이 활발히 전개되었다. 그러나 일제는 평화적인 만세운동에 대하여 무력으로 무자비하게 탄압하였다. 상해에서 조직된 대한적십자회의 3·1운동에 대한 인식은 1920년 3월 8일 대한적십자회 구주지부장 이관용이 국제적십자사에 제출한 다음의 서류를 통하여 짐작해 볼 수 있다.

대한민국 독립선언 이후, 무장을 하지 않은 대한민국 국민들과 일본 군대 사이의 충돌이 단 하루도 빠짐없이 이어지고 있는 상황입니다. 대한민국 국민들은 엄명에 따라 비폭력 행동을 이어가고 있음에도 불구하고(독립선언을 통해 모든 폭력적 행위를 금지하였음) 일본 군대와 경찰은 무력적 제압에 의존하고 있으며 이는 교전국 사이에 지켜야 하는 규칙과 관습에도 반합니다. 이로 인해 비무장 민간인들이 학살되고 수백 개의 마을이 파괴되었습니다. 또한 여성과 아이를 포함한 수천 명의 무고한 사람들이 다치고 감옥에서 고통받고 있습니다.

상기 사항들은 한국에 있는 미국, 영국, 프랑스 영사당국 및 미국 상원에 의하여 조사되고 확인되었으며 마침내 일본정부도 이 사실을 인정하였습니다. 1919년 3월 1일부터 연말까지 발생한 피해는 다음과 같습니다.

· 사망자 수 7,645명

· 부상지 수 45,562명

· 투옥된 수 49,811명

생계부양자가 사망 또는 부상, 투옥된 가정의 가족들은 매우 곤궁한 처지에 처해있습니다. 게다가 750채의 집이 불탔으며 59개의 교회와 3개의 선교회가 파괴되기도 하였습니다.

아울러 미국에서 간행된 『자유한국』 제1권 2호(1920년 6월 간행)에서도 이러한 사실을 짐작해 볼 수 있다.[1]

한국의 적십자

한국의 적십자는 일본인의 모욕적인 지배가 시작되기 전에 이미 설립되어 있었다. 설립된 그 해에 이미 회원이 수천 명에 다다랐다. 한국왕실이 폐쇄되고 1910년 일본에 합병되자, 한국적십자사는 기구한 한 국가의 운명을 감수해야 했다. 끝내 한국 적십자는 일본 적십자에 합병되고 말았다.

두 적십자의 합병 이후 일본 측은 한국인 회원을 협박하여 여러 가지 일에 종사할 것을 강요했다. 먼저 일화로 9천만 원圓, 미화로 4백만 달러에 이르는 돈이 한국의 20만 회원에 의해 일본 적십자회 기금으로 납부되었다. 그러나 이 중 고통 속에 처해 있는 한국인을 위해 지불된 회비는 단 한 푼도 없었다.

1919년 4월, 서울에 위치한 미국 적십자는 일본인에 의해 저질러진 제암

---

1   『독립운동사자료집』 7권: 임시정부편, 1973.

제암리 마을의 잔해

리提岩里학살 사건의 뒷처리를 위한 원조를 아낌없이 했다. 그러나 일본 적십자는 이렇다할 단 1건의 원조도 실행에 옮기지 않았다. 이로써 일본 적십자마저 한국에 있는 일본인의 이익을 위한 야비한 행정 기구에 지나지 않는다는 것이 간단히 증명된 것이다.

위의 기록에서 보는 바와 같이, 다수의 한인들이 희생되었고 곤란한 처지에 있었던 것이다. 그럼에도 불구하고 일본적십자사는 수수방관하고 있었고, 오히려 서울에 있는 미국적십자사가 제암리학살에 대한 지원을 전개하였던 것이다. 이에 대한적십자회에서는 일제의 만행을 인도주의적 관점에서 국제사회에 호소할 필요가 있었다. 그 중 하나가 영어로 된 사진첩의 간행이 아니었나 생각된다.

2. 피치 목사의 도움

대한적십자회에서는 미국인 선교사 피치George Field Fitch목사의 도움으로 한국에 있는 스코필드Frank W. Schofield박사가 보내온 사진을 활용하고자 한 것이 아닌가 생각된다. 당시 상해에는 스코필드 박사가 보내온 사진들이 적극적으로 이용되고 있었다. 상해 임시정부에서 간행된 사진집에도 여러 차례에 걸쳐 일제에 의해 파괴된 제암리, 화수리 사진들이 실렸으며,[2] 상해에서 간행된 『신한청년』 한국어판 1호(1919년 12월)에도 사진들이 실려 있었던 것이다.[3] 대한적십자회에서는 그동안 단편적으로 실려 있던 사진들을 총체적이고 체계적으로 만들 필요성을 절감하였던 것으로 보인다.

『독립신문』 1920년 2월 7일에 다음과 같은 보도가 있다.

救濟會의 활동: 불상한 本國同胞를 爲하야

在中國·美國 長老會 監理會 及 赤十字會는 各其 本國本部에 韓人 救濟會를 爲하야 義捐을 募集하기를 請求하는 電報를 發하엿고 我 救濟會 上海本部에서도 在美 我 大統領 及 國民會의게 此旨를 電告하다.

이 救濟會는 昨年 8月에 成立되어 理事12人을 擇하야 곳 事業에 着手하려 하다가 時機의 不利함을 慮하야 一時 中止의 狀態에 在하더니 昨年 12月에 至하야 在上海 美國宣敎師요 同胞의 恩人인 핏치老博士는 單獨으로 上海 在留同胞 中 貧寒한 者를 救濟할 目的으로 上海 南京 等地에 在한 美國宣敎師의게 通知하야 義捐을 募集한 結果로 洋服, 內服, 洋靴, 담요 等 200餘件과 現金 銀200元을 牧師 鄭仁果氏의게 送附하엿슴으로 目下 上海에 在한 貧寒한 同胞 20餘人의게 衣腹과 寢具를 供給하다.

이것이 動機가 되어 救濟會가 復活하니 安昌浩氏가 會長이 되고 鄭仁

2   박환, 『사진으로 보는 3·1운동과 혁명의 기억과 공간』, 민속원, 2019.
3   박환, 『사진으로 보는 3·1운동과 혁명의 기억과 공간』, 민속원, 2019.

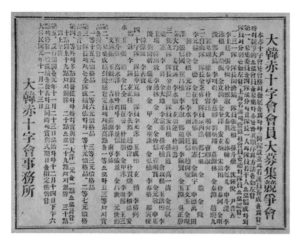

대한적십자자회 회원 대모집경쟁회

果·徐丙浩·韓鎭敎 핏치博士 諸氏가 理事가 되여 上海大韓赤十字會 事務所 內에 臨時로 本部를 置하고 새로 活動을 開始함이라.

핏치 博士의 目的은 다만 上海 在留同胞의 難을 救하려 함이엇스나 本 救濟會의 目的은 本國의 困窮한 同胞와 아울너 滿洲의 同胞를 救濟하려함이라. 임의 中國에 在한 美國 各敎派의 宣敎師는 此에 贊成하야 各其 本國本部에 電報를 發하엿고 美國赤十字會에서도 活動을 開始하엿슨則 年前 白耳義救濟와 갓치 될지라.

敵은 我救濟會의 事業을 妨害하려하야 或은 韓人은 日本의 臣民이니 關係말나하며 又는 韓人은 天皇의 恩澤下에 救濟밧을 必要가 업다 하야 百般으로 妨害를 試하다. 얼마前 上海 敵領事는 美國領事의게 對하야 핏치博士의 行動을 拘束하기를 請求함으로 博士는 美領事館에 呼出되여 '余는 政治的으로 韓人의 獨立運動을 幇助한 일이 업노라. 그러나 饑寒에 泣하는 韓國同胞를 爲하야 救濟의 事業은 經營하노니 이는 宣敎師인 나의 神聖한 義務라' 하다.

임의 南京에 救濟會支會가 成立되고 바운博士와 스몰 夫人이 熱心 周旋하는 中이라 其他 中國의 重要都市에도 不遠에 支部가 成立될지오 美國 各地의 活動도 곳 開始되리라고 當地 有力한 美國宣敎師는 確信하다.

救濟會에서는 不日에 國文, 英文 及 漢文의 發起趣志書를 發布하리라는데, 그 趣志書의 內容은 獨立運動 開始以來로 大韓全國에 敵의 虐殺과 焚掠과 監禁과 昨年以來의 兇年과 疾病으로 數十萬의 寡婦와 孤兒와 家長을 失한 家族을 出하엿스며 兼하야 橫暴한 敵은 耶穌敎人, 天道敎人 及 其他 獨

立運動 關係者의 東拓 及 日人所有地의 小作權을 奪하엿슬 쑨더러 敵은 우리 同胞間의 救濟도 妨害함으로 不得已 世界博愛同胞의 同情에 訴한다 함이라.

그 實行方法은 衣服等 物品과 金錢이 募集되거든 衣服等 物品은 滿洲同胞의 救濟에 充하고 金錢은 耶蘇敎會에 托하야 本國의 獨立運動 殉國者 及 受難者의 遺族과 其他 困窮한 同胞의 救濟에 使用하리라.

여기서 주목할 부분은 피치 목사이다. 조지 필드 피치 목사는 미북장로회 선교사로 1870년 중국에 파송되어 왔으며, 이후 소주蘇州와 영파寧波 등지의 장로회 선교지부에서 활동하였다. 1888년부터 상해로 옮겨와 미북장로회에서 운영하고 있던 출판사인 미화서관美華書館에 책임자로 부임하여 1914년 은퇴할 때까지 계속 출판사인 미화서관에서 일한 문서선교 담당자였다. 은퇴 후에는 목회자가 없는 상해 및 근교 교회들을 돌아다니며, 설교하거나 미해군, YMCA 등 여러 선교기관에서 협력하고 있었다. 바로 그러한 때에 목회자가 없는 또 하나의 교회인 상해한인교회를 만나 돕게 되었다. 한편 피치 목사의 아들 조지 애쉬모어 피치 목사도 한국독립운동을 후원하고 있었다.[4]

피치 목사는 이때 상해에 있는 적십자회를 도왔을 뿐만 아니라[5], 구제회에서도 주도적인 역할을 하였듯이, 영문사진첩 간행과 배포에도 중요한 역할을 하지 않았나 판단된다. 아울러 구제회의 경우도 영문, 국문, 한문 발기 취지서를 간행하고자 하고 있음을 볼 때, 사진첩의 경우도 영문 외에 국문, 중국어본의 간행도 추진하였을 것으로 추정해 본다.

■

4 이혜원, 「대한민국임시정부와 선교사: 미화서관을 중심으로」, 『대한민국임시정부와 기독교』, 한국기독교역사연구소 한국기독교역사학회, 2019, 52-58쪽.
5 김주성, 「미국 선교사 Fitch 일가의 한국독립운동 지원 활동」, 『한국독립운동사연구』57, 2017, 162-163쪽.

또한 피치목사는 적십자의 이름으로 만주, 러시아지역의 우리 동포들을 위해서도 인도주의적 노력을 아끼지 않았다.

대한 적십자회, "북중국 매일신문" 편집장님께,

저와 여러 사무라이들이 드립니다. 6. 최근에 많은 외국인들과 다른 사람들은, 상하이에 있는 프랑스인 거주지에 본사를 둔 "대한적십자회"로부터 나왔다고 일컫는 인쇄된 호소문을 우편으로 받았다. 그것은 외관상 회합이 되는 것처럼 보였다. 왜냐하면 악의를 품은 선동자 손 제이 디J. D. Sohn(손정도 필자주)는 회장으로서 이사회의 명예직의 지위를 차지하고 있는 다른 임원들과 명예회계로 관여해 온 미국 장로교 선교회의 피치G. F. Fitch 박사와 명예회장인 필립 제이슨Phillip Jaisohn(서재필·필자주)박사와 더불어 서명을 하였기 때문이다.

"대한적십자회"의 이름하에 이 서신에 기록된 일본정부에 반대하는 심상치 않은 주장에 대해 내가 주의를 기울이도록 여러 외국인 친구들이 환기시켜 주었다.

이 서신은 블라디보스토크와 만주 북쪽 해안 지역에 흩어져 있는 한인들에게 구호물자를 보내자고 대중들에게 호소한다. 또한 이곳에 있는 이 한인들이 일본의 잔학함과 탄압 때문에 대한제국을 떠났으며, 일본 정부는 이 불행한 대한제국 국민들을 추격하여 소유물을 파괴하고 쫓아내어 추위와 기아를 견디기 위해 이 땅 저 땅을 방황하는 방랑자로 만들고 있다고 이 서신은 주장하고 있다.

이 미국 선교사가 그러한 악의에 찬 선전을 돕는 것이 그의 나이에 맞는 자신의 임무라고 믿는 것일까? 일본이 대한제국을 암울함과 졸렬한 악정에서 해방시키기 위해 대한제국 정부를 점령하기 수 세기 전에 한인들은 이 외딴 지역으로 이민을 왔고, 이 이민자는 결코 일본의 통치하에 놓인 적이 없으며, 이 미개한 지역에서 견디고 있는 것은, 그 지역과 다른 지역에 있는 가난한 러시아인들이 러시아에서 생겨난 혼돈의 어두운 그림자 아래에서 견디고 있는 것과 마찬가지이다.

그러나 한 나이든 미국 선교사는, 문명의 선구자의 반열에 있는 것으로 영예를 얻는 워싱턴회의로부터 출발한 나라를 오도하는 그러한 야만적인 진술을 방송에 퍼뜨리는 것을 자신의 특권으로 여기면서, "이 땅에 평화를 가져다주고 인류에게 선의를 가져다주는 것"을 추구해야 하는 자신의 소명을 저버리고 있다.

일본 정부에 반대하는 어떠한 야만적인 주장도 인도주의적인 이름을 가진 "십자군", "적십자", 또는 어떤 다른 분파의 보호아래 아무런 방해 없이 이루어질 수 있는 것처럼 보인다. 그리고 문제시되는 주장을 포함하고 있는 이 인쇄된 호소문은 그러한 모든 [주장들] 중에서 가장 눈에 거슬리는 것 중 하나이다.

이 항의를 신문에 게재해 주신 것을 감사드리며. 1922.6.8., 상하이(North China Daily News, 1922.6.9.) 한인들의 호소.

우리는 며칠 전에 대한 적십자회로부터 호소문을 받았는데 우연찮게 그 것을 보지 못하고 지나친 것에 대해 사과를 해야 한다. 대한적십자회의 피치G. F. Fitch박사이자 목사는, 현재 많은 이들이 격심하게 고통당하고 있는 블라디보스토크와 만주의 북부해안 지역에 있는 "백만이 넘는 한인들을" 대표하는 명예 회계이다. 호소문은 다음과 같이 계속된다.

한인들은 일본의 잔인성과 탄압 때문에 대한제국을 떠나서 다른 곳에서 거처를 찾았는데 심지어 이 곳에서도 일본인들에게 공격을 당하고 있고, 많은 이들이 죽었으며 그들의 재산은 파괴되었고 추위와 기아를 견디기 위해서 이 곳 저 곳을 방황하는 방랑자로 쫓겨나고 말았다. 이미 많은 이들이 이미 죽었으며 그들의 상태는 아주 비참하다. 대한 적십자회는 특별히 모종 씨앗이 필요한 농부들에게 곡식을 제공하는 방법으로 한인들에게 할 수 있는 모든 구제를 베풀려고 노력하고 있다. 유일한 도움의 손인 우리는 거의

할 수 있는 것이 없다. 만일 우리가 우리의 호소문을 대중들이 들을 수 있도록 한다면 그들은 관대하게 반응할 것이라고 믿는다.

이러한 목적을 이루기 위한 자금은 상하이 레인지가 61번지 피치G. F. Fitch목사인 명예 회계에게 송금하면 된다. 이 요구서를 발행함에 있어서 발기인들은 그들이 어떤 정치적 연관성이 없다는 것을 아주 분명하게 하도록 잘 조언을 받았을 것이라고 우리는 생각한다. 우리는 한순간이라도 그들이 정치적 연관성을 가졌다는 것을 암시하지는 않는다. 그러나 한인 독립운동은 최근에 의도적으로 자신들을 모스크바의 보호아래 둔 극단주의자들에게 포섭된 것처럼 보인다. 만일 순수하고 순전한 박애주의자들만이 관련되었다는 것을 사전에 분명히 한다면 도움을 요청하는 호소문은 아마도 더 많은 호응을 얻게 될 것이다.(North China Daily News, 1922.6.10.)

Ⅲ. 내용: 일제의 만행에 대한 인도주의적 호소

'한국독립운동The Korean Independence Movement'은 목차가 따로 있지는 않지만 크게 세 부분으로 나뉜다. 서문에 해당하는 첫 부분에는 3·1운동이 발발한 사실과 일제의 무자비한 탄압 내용, '3·1독립선언서'의 공약 삼장과 선언서의 주요 내용 등을 영역英譯해 수록했다. 두 번째 부분은 만세시위와 일제의 만행을 담은 사진 31장과 상해 대한적십자회와 독립문 사진 3장 등 총 34장의 사진이 수록돼 있다. 마지막 부분은 1919년 7월 1일자로 발기한 상해 대한적십자회의 발기문과 발기자 명단, 대한적십자회의 조직 상황을 담고 있다.

수록된 34장의 사진을 내용별로 보면 3·1운동과 직접 관련된 사진이 30장, 대한적십자회 사진 2장, 기타 2장 등이다. 이 가운데 그간 국내에 알려지지 않았던 3·1운동 관련 사진이 8장으로, 특히 수원 화수리와 제암리에서 찍은 일제 만행의 사진과 만세시위에 참가한 여학생의 참사 사진, 수촌리의 아이들, 일제의 탄압으로 대량학살을 당한 만세시위자들의 합동 장례식 사진, 1920년 3월 13일로 추정되는 북간도 용정에서의 만세시위 축하기념 사진들이 눈길을 끈다.

사진집의 〈Japanese Prussianism〉 기록에 따르면, 수록된 3·1운동 관련 사진들은 모두 외국인들이 찍은 것이다. 촬영자의 이름을 일일이 밝히고 있지는 않지만, 여러 가지 정황으로 볼 때 주요 외국인 중 한 명은 캐나다 선교사이자 세브란스의학전문학교 교수였던 프랭크 스코필드Frank W. Scofield였을 것으로 추정된다. 그 밖에 화수리 참사 사진도 4장이 수록돼 있는데 이는 당시 현장을 조사했던 선교사 스코필드나 선교사 노벨이 촬영한 것으로 추정된다.[6] 용정의 만세운동축하사진은 그곳에 있던 캐나다 장로교 선교사가 촬영한 것으로 보이며, 평양에서 체포된 〈용수를 쓴 모우리E. M. Mowry(牟義理) 교수〉는 평양에 있던 선교사가 촬영한 것이 아닐까 한다.

'한국독립운동The Korean Independence Movement'은 현재 독립기념관, 도산 안창호기념관, 미국의 도서관들에 보관되어 있다. 미국의 캘리포니아 주립대학의 경우 표지가 없는 상태로 Red Cross pamphlet on March 1st Movement Japan Chronicle, kobe, Japan, 1919.[7]라는 책자명으로 있다.

사진의 내용을 번역하여 살펴보면 다음과 같다.

1면 한국독립운동
2-7. 독립선언서의 영문

---

6 홍선표, 「독립기념관이 공개한 3·1운동 영문 사진첩」, 『신동아』 2011년 4월
7 출판연도가 1919년으로 되어 있는데, 필자의 생각으로는 잘못된 것이 아닌가 판단된다.

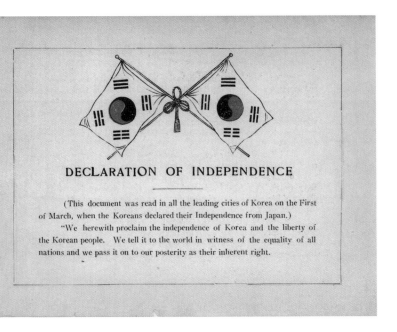

DECLARATION OF INDEPENDENCE

(This document was read in all the leading cities of Korea on the First
of March, when the Koreans declared their Independence from Japan.)
"We herewith proclaim the independence of Korea and the liberty of
the Korean people. We tell it to the world in witness of the equality of all
nations and we pass it on to our posterity as their inherent right.

8. 독립선언서 공약 3장

9. 한국인들의 자유를 위한 외침

10. 일본의 프러시아주의

11. 미국 영사관에 독립선언서를 제출한 후에, 한국인 시위자들의 거
    대한 행렬, 미국 영사관 건물이 보인다.

12. 서울 궁궐(덕수궁) 근처 경성일보사 앞(필자주)에서 부인과 여학생들
    을 포함한 수천의 열성적인 한국인들이 평화적으로 만세를 부르
    는 모습

13. 공원(현 시청광장-필자주)에서 평화적인 만세운동 모습

14. 공원 문 앞을 경계하는 일본군인들

15. 시위진압을 위해 일본 군인들이 공원(파고다공원-필자주) 근처에서
    주둔하고 있다.

16. 경성 등 중요 도시의 거리마다 한명의 일본군인이 5집 간격으로
    경계 중이다. 평소 분주한 시장거리가 황량한 모습이다.

17. 첫 갑작스러운 공격 후에, 잔인한 일본군에 의해 한국군인이 구타를 당하고 낭자를 당했다.[8]

18. 일본의 잔악상을 보여주는 또 다른 장면. 총상을 입은 한국인 다리의 적나라한 모습.

19. 한인 상점들의 철시, 순찰하는 일본군인들

20. 눈에 상처를 입고 운 좋게 치료를 받은 남자. 상처를 입은 후 1주일 후에 찍은 사진.

21. 한인들의 반대에도 불구하고 상점을 강제로 열게 하는 일본군인들과 경찰들

22. 일본군이 방화, 학살로 폐허가 된 화수리의 모습. 지금은 부서진 타일, 먼지, 벽돌 더미만 남았고, 아무것도 남아 있는 것이 없다.[9]

4월 11일 어느 날 새벽, 마을 사람들은 갑자기 총성과 타는 냄새 때문에 잠에서 깨었다. 그들은 군인과 경철이 집에 불을 지르고 사람들을 총으로 쏘고 때리는 것을 발견하였다. 노인과 젊은이, 젖먹이를 안은 어머니들, 그리고 어린 자녀들을 둔 아버지들은 살기 위해 모든 것을 버리고 산으로 도망치려 하였으나 체포되어 두들겨 맞거나 총살되었다.

〈참고자료〉 스코필드는 그의 보고서 〈화수리 살인사건〉에서 다음과 같이 언급하고 있다.

화수리의 경우는 야만스러운 일황군대가 잿더미로 만들어 놓은 표본마을이었다. 그 마을은 기름진 논밭이 펼쳐진 아래를 바라보며. 숲이 우거진 언덕으로 둘러 쌓여 있었다. 마을 한 가운데에는 기와지붕에 큰 대문이 있는 상당히 좋은 양반네 집이 있었다. 그러나 지금은 깨어진 기와 조각 더미

---

8 이 사진과 영어 설명은 다음의 사진첩과 동일하다. An Open Letter By The Women Of Korea.

9 이 사진과 영어 설명은 다음의 사진첩과 동일하다. An Open Letter By The Women Of Korea.

화수리

와 먼지 그리고 무너진 담벼락이 남아 있을 뿐이었다. 어떤 사람은 그 집주인은 도망을 갔다고도 하고, 어떤 사람은 감옥에 갔을 거라고 하지만, 사실은 이 지주squire에게 어떤 일이 일어났는지는 아무도 몰랐다.

23. 일본군에 의해 파괴되어 질그릇의 잔해만 남은 화수리마을[10]

〈참고자료〉 스코필드는 그의 보고서 〈화수리 살인사건〉에서 다음과 같이 언급하고 있다

40여 채의 집 중에 18-19 채만이 남아 있었다. 그 악한 불길은 - 그 불길속에는 일본 군대의 보다 적나라하게 확실하고 잔인한 살의로 가득 찬 손길이 뻗치고 있었는데 - 더 이상 확산되지는 않았던 것이다. 이 일에 대해서 말하는 사람들의 진실한 증언보다 더 분명한 증거가 바로 여기에 불탄 집으로 남아 있는 것이다. 어느 곳에서는 불탄 집과 안 탄 집이 번갈아 가며 서

---

10 이 사진과 영어 설명은 다음의 사진첩과 동일하다. An Open Letter By The Women Of Korea.

수촌리

있었다. 불탄 집과 안 탄 집의 거리는 대개 수 피트 정도의 거리를 두고 있었다.

보통으로, 남아 있는 것들은 김치나 물을 담는 항아리들이었다. 장독대의 토기들과 불탄 부지깽이, 재, 타다 남은 것과 같은 폐허의 흔적들은 이곳들이 행복하고 단란한 집들이었다는 증거였다. 화마로부터 남아 있는 것은 아무것도 없었다. 이러한 일들은 용납되지 않을 일이었다. 이 세상 어느 곳에 이 같은 범죄가 있을 수 있다는 말인가? 숟가락, 그릇, 쌀가마, 이부자리들이 참혹한 죽음이 있는 곳에서 건질 수도 없었던 것이다.

24. 화수리 마을의 목제품들이 새까맣게 탄 잔해 모습.[11]

일본 경찰은 조사하러 온 외국인에게 수원에서 그들이 저지른 잔악행위

11 　이 사진과 영어 설명은 다음의 사진첩과 동일하다. An Open Letter By The Women Of Korea.

들에 대해 발뺌하고 있다. 독자들은 한국의 독립운동에 대한 어떠한 문서나 사진도 얻기 어렵다는 것을 알아야 한다.

25. 수원 화수리.

오두막 앞에 서 있는 여자의 세 명의 아이 중 한명은 일본군으로부터 살해당해 천으로 덮혀있다. 나머지 두 아이는 분명히 죽은 형제를 슬퍼하고 있다. 그리고 그들의 아버지 역시 살해당하였다.[12]

26. 제암리일대에서 4-5마일 떨어진 일본군에 의해 집이 파괴되고 음식이 못먹게 된 수촌리의 아이들.

날이 새기전 4월 6일. 일본군인들이 모두 잠들어 있는 마을에 들어가 집집마다 초가 지붕에 불을 지르고는 순식간에 집을 파괴했다. 사람들이 서둘러 나가보니 온 마을이 불타고 있었으며, 사람들이 불을 끄려고 했지만, 총을 쏘거나 총검으로 찌르는 일본군에 의해 저지되었다. 군인들이 마을을 떠나갈 때까지 그들은 마을과 집이 잿더미로 변하는 것을 지켜볼 수밖에 없었다.

27. 제암리 마을의 잔해.

1919년 4월 15일 목요일 수원에 있는 제암리마을에서 39채 중, 교회를 포함한 가옥 31채가 모두 야만적인 일본군에 의해 불타버렸다.

28. 한때 풍요로웠던 제암리마을의 집 중 유일하게 남은 집.
29. 일본군의 학살로 남편을 잃은 불쌍한 과부들.

■

12   대한적십자회 샌프란시스코지회, A Plea from the land of sorrow-korea에도 이 사진은 실려 있다. 이 사진과 영어 설명은 다음의 사진첩과 동일하다. An Open Letter By The Women Of Korea.

1919년 4월 15일 일본군인들은 제암리로 들어와 남자교인들 23명을 교회에 모이게 한 후 총격을 가했다. 그들의 대부분은 죽거나 상처를 입었으며, 주민들을 학살하고 교회에 불을 질렀다. 여섯 구의 시체가 교회 밖에서 발견되었다. 일본군인들은 마을에 불을 지르고 떠났다.[13]

30. 서울에서 수원으로 가는 도중 일본경찰에 의해 살해당해 버려진 여학생의 시신[14]

31. 자유를 주장한 대가로, 일본이 행한 고문과 야만주의

32. 자유를 주장한 대가로, 일본이 행한 고문과 야만주의

33. 자유를 주장한 대가로, 일본이 행한 고문과 야만주의

34. 자유를 주장한 대가로, 일본이 행한 고문과 야만주의

35. 만세를 외쳤다고 하여 감옥으로 일본경찰에 의해 잡혀가는 아낙네들

36. 일본의 지배로부터 1919년의 처형, 이 사진은 일본 군인에 의해 처형당한 지 몇 분 후에 국제영화사에서 촬영한 사진.

이 사진에 대하여는 시기와 장소에 대하여 다른 견해가 있다.

〈참고자료〉 프랑스 Edouard Charton이 발행한 신문 'L'Illustration'에 1907년 8월 10일자에 '고요한 아침의 나라-일본군에 의해 처형당하는 의병'이라고 설명되어 있다. 대한적십자회의 사진설명이 잘못된 것으로 판단된다.

37. 만세운동으로 일본군에 의해 살해된 한국인들의 장례식

38. 만세운동 참여로 행해진 태형. 대나무로 엉덩이를 90대를 맞았다.

■

[13]　대한적십자회 샌프란시스코지회, A Plea from the land of sorrow-korea에도 이 사진은 실려 있다.
　　　이 사진과 영어 설명은 다음의 사진첩과 동일하다. An Open Letter By The Women Of Korea.
[14]　이 사진과 영어 설명은 다음의 사진첩과 동일하다. An Open Letter By The Women Of Korea.

39. 심하게 맞고 석방된 여성의 넋 잃은 모습. 그녀는 일본의 고문을 받고 희생당한 사람들의 시신과 3일 동안 함께 있었다.

40. 한국인 혁명가를 도왔다는 이유로 체포되어 용수를 쓰고 재판장으로 향하는 외국인

　　〈참고자료〉 용수를 쓴 모우리E. M. Mowry(牟義理) **교수.**

　　1919년 3월 1일 평양 숭실대 학생들이 만세시위에 참여한 후 경찰에 쫓기다 모우리교수 사택에 숨어들자, 이들을 숨겨준 죄목으로 4월 15일 평양지법에서 1심 재판을 받은 후 감옥으로 이송될 때의 모습.

41. 한국의 독립을 축하하는 만주 용정의 한국인들

42. 대한적십자회 의료진과 참여 인사들[15]

　　(대한적십자회 참여인사 또는 대한적십자회 임직원)

43. 독립문에서 국기를 바라보는 한국인들. 3·1운동 전에는 볼 수 없었던 태극기의 모습이 선명하다

44. 대한적십자회의 공식 발표, 1919년의 간호 학급.

　　〈참고자료〉 상해 대한적십자회 간호양성소

　　대한적십자회는 임시정부를 지원하는 일 외에도 독립전쟁에 대비하여 간호원양성소를 1920년 1월 31일에 개설하였다.

　　간호원양성소의 수업기한은 3개월이었고, 매주 18시간의 수업을 받으면서 실습은 중국 홍십자병원紅十字病院에 근무하던 김창세의 주선으로 상하이 각 병원에서 실시하였다. 수업은 간호과의 과목 이외에도 의학과목을 부과한 것은 독립전쟁에서의 의사부족을 충당하기 위해서였다. 당시 입소한 학생은 모두 중등교육을 마친 남자 3명, 여자 10명이었다. 그러나 적십자 간호

15　　대한적십자사 샌프란시스코지회, A Plea from the land of sorrow-korea에도 이 사진은 실려 있다.

상해 대한적십자회
간호사 양성

원양성소는 운영자금의 부족으로 1920년 4월말 1기생을 배출하고 중단되었
다. 그러므로 이 사진은 독립신문 1920년 3월 1일자에 "대한적십자 구호원
양성소"라고 기록되어 있으므로 〈1920년 대한적십자 구호원양성소〉로 수정
되어야 할 것이다.

45-51. 대한적십자회 공식 발표(1919.7.1.)

　적법하게 선출된 대한적십자사 대표인 우리들은 오늘 우리가 대한적십자
회를 재건했음을 선언하며, 나아가 이로써 대한적십자회와 일본적십자회의
합병 합의는 무효라는 것과 두 단체 간에 기존에 존재하던 관계는 해소되었
음을 선언한다. 이러한 조처를 취하는데 있어 다소의 설명을 하고자 한다.

　원래의 합병 합의는 기만과 협박으로 일본인들에 의해 대한적십자회에
강요된 것이었다. 이는 불법적으로 성취된 것이었으며 그 동기는 비도덕적
이었다. 일본적십자회는 강제로 한국인 회원들을 입회시켰으며 폭력적인 협
박으로 기부를 강요했다.　두 조직의 합병 이후 일본적십자회는 한국인들
에 대해 그 본래의 책무를 다하지 못했다. 한국인들이 절실하게 구조를 필

상해 대한적십자회
간호사 양성

요로 하는 경우가 여러 차례 있었다. 그러나 일본적십자회는 시종일관 한국
피해자들에 대해 고려하는 모습을 전혀 보여주지 않았다.

15,000명 이상의 한국인 사망

우리 적십자사는 이 악명 높은 합병이 이루어지기 훨씬 전에 조직되
었다. 이 조직은 인간애와 자기희생의 정신에 대한 참된 개념을 늘 유지
하고 있었다. 그 목적은 인류의 고난을 구하고 불필요한 전쟁을 막고 모
든 재난으로 인한 고생을 경감하고자 하는 적십자의 정신을 발전시키기
위한 전세계적인 움직임에서 중요한 역할을 하는 것이었다. 그러나 우
리의 국가주권이 도난당하고 우리의 조국이 1910년 일본에 합병된 이후
로는 우리 조직도 나라의 운명을 따라갔고 일본적십자회와의 합병을 강
요당했다.[16] 그러나 지난 10년간의 경험에 비추어 볼 때 일본적십자사는
한국에서의 소명을 다한 적이 단 한 번도 없으며 앞으로도 없을 것이라

■

16   대한적십자사는 1910년 8월 국권 침탈에 앞서 1909년 일본적십자사로 흡수 합병되었다.

는 것이 결론적으로 명백해졌다.

한국과 외국 양쪽의 믿을만한 통계와 공식 기록에 따르면 1910년의 합병부터 1919년 1월 1일까지의 소위 '평화유지기간' 동안 1만 5,000명 이상의 한국인들이 무자비하게 희생당했다. 1919년 3월 1일의 독립선언 이후로 1만 명 이상의 한국인이 목숨을 잃었고 3만 명에 가까운 남녀노소가 체포당했다. 죄수들 대부분은 일본인들의 손에 의해 부상을 입었고 혼잡한 감옥에서 그들의 생명은 서서히 꺼져갔다. 우리 애국동포들에게 그것만으로는 벌이 충분하다고 생각하지 않는 것처럼 일본인들은 지속적으로 모든 형태의 고문을 가했고, 우리 동포들은 계속 늘어나는 새 죄수들에게 자리를 내어주기 위해 더 빨리 죽어갔다. 이 끔찍한 상황은 일본적십자회에도 알려졌지만 이처럼 고난을 겪는 사람들에게 어떤 형태의 도움도 주어지지 않았다. 일본적십자회는 우리 국민들에 대한 책무에 소홀했던 것만이 아니라 1,000만엔($500만)이 넘는 우리 동포들의 돈을 입회비라는 명목으로 일본적십자사의 금고에 보탤 정도로 파렴치하기도 했다. 사람들이 저토록 시급하게 도움을 필요로 하고 있고 인간다운 대접을 갈망하고 있는 지금 일본적십자회는 계속 무관심으로 일관하고 있다. 따라서 우리는 일본적십자회가 도덕적으로 실패했다고 간주했다.

자기방어를 위한 투쟁

그러나 우리의 목적은 일본적십자회의 흠을 잡아내는 것이 아니며 그들에 대한 악감정을 계속 품고 있지도 않다. 우리는 지금 우리나라 자체의 적십자회를 조직하고 있으며 우리의 시간과 정력을 우리 국민들에 대한, 그리고 더 넓게는 세계를 향한 신성한 의무를 수행하는데 바쳐야 한다. 우리의 첫 번째 목표는 일본이 한국에서 해내지 못한 책무에 착수하는 것이며 동시에 우리는 탐욕과 자기확장을 위해 자신들의 모토를 이웃에게서 훔치고 죽이고 파괴하는 것으로 삼고 있는 이들의 충동과 싸워야 한다. 우리는 또한 일반적으로 공중위생의 원칙에 대한 무지나 생활환경의 비위생을 통해 퍼져나가는 전염병 같은 고난의 다른 원인도 간과해서는 안 된다.

우리는 하늘이 여전히 어두우며 혼란, 무질서, 비극이 사랑하는 조국 전역에서 넘쳐흐른다는 사실에 좌절하지도, 이를 이상하게 생각하지도 않는다. 우리는 이 상황이 정치적 압제, 인종적 증오, 종교적 불관용의 사라지고 있는 구름이라 믿는다. 사실 지금도 그림자로부터 새로운 정신, 인류가 가장 우선적으로 고려해야 할 것은 인류의 복지라는 영원한 진리를 추진하는 새로운 지성이 나타나기 시작하고 있으며 상호이해의 범위가 넓어짐에 따라 봉사와 희생도 넓어진 범위 안에서 시행되고 있다. 따라서 우리는 인류 진보의 밝은 태양을 향해 공포나 슬픔 없이 용기 있고 기운차게 전진해야 한다.

3월 1일 이래 우리 국민들이 영웅적으로 수행해온 투쟁은 분노가 아니라 자기방어의 감정을 지니고 있는 것이다. 증오의 생각 없이, 상대에게 상처를 입힐 무기 없이, 자기 이익의 동기 없이, 죽고 고문당하고 재산을 빼앗길 것이라는 공포 없이, 우리는 투쟁을 계속하기로 결단을 내렸다. 우리는 우리의 정치적 독립과 종교적 자유를 위해서만이 아니라 4억 명의 중국인과 5,000만 명의 일본인의 궁극적 이익을 위해 투쟁하는 것이다. 우리의 승리는 야만적인 군국주의 지배자들의 비참한 노예가 되어 있는 이들의 해방을 가져다줄 것이다.

앞으로의 전쟁 발발을 줄이기 위해 평화 회의와 국제 연맹이 조직되고 있는 상황에서, 우리는 우리의 마음과 우리의 깃발에 적십자를 새기고 나아갈 것이다. 이는 인간의 근원적인 충동을 제재하는 것 훨씬 이상을 해 주고 인류는 모두 하나라는 인식을 살아있게 할 것이다.

(1919년 11월 15일)

대한적십자회 회원 대표 일동

안창호 김성겸 박 준 김홍서 김태연 이기영 김순애 여운형 오정근 이덕종 이영열
장건상 윤기중 강태동 유배웅 김 한 고승균 오의선 이규갑 서병호 김시영 강현석
이신실 김운경 왕진남 김 덕 조완구 임봉래 김보광 신상완 박남섭 원세훈 유홍식
이병은 옥성빈 민재호 임덕산 김창세 령 훈 이유필 김 철 이광수 이희청 심종열
손두환 한진교 김시혁 이원익 이화숙 김보윤 장근모 임재호 정재면 고일청 김구
이춘숙 최 일 오익표 김원경 김병조 이경화 윤보선 이봉순 손정도 한운영 김 승
정인과 문석진 박성육 진대근 현 순 김 갑 안정근 강대현 김창서 김성근 최근우
박남구 송정욱

재건된 대한적십자회 간부

회장－이희경(M.D. 의사)

부회장－안정근

총괄이사－서병호

서기－김태연

재무－김병조

감사－옥성빈, 김창세(M.D. 의사), 김태연

국제적십자회 파견－이관용

중앙위원회

K. S. Yi(이광수)	Chul Kim(김철)	S. P. Ok (옥성빈)
K. S. Chang(장건상)	S. H. Wun(원세훈)	C. D. Son(손정도)
T. Y. Kim(김태연)	Soon Hyun(현순)	P. H. Soh(서병호)
I. K. Chung(정인과)	P. Y. Kim(김보연)	W. S. Yi(이화숙)
T. D. Kang(강태동)	H. S. Kim(김홍서)	I. C. Koh(고일청)
Han Kim(김한)	E. S. Oh(오의선)	P. C. Kim(김창세)

C. S. Yi(이춘숙)   K. R. Yi(이기룡)[17]

52. 표지, 오리엔탈 프레스, 상하이.

Ⅳ. 결어

대한적십자회(임시본부 상해)에서는 1920년 상해에서 3·1운동 영문 사진첩 '한국독립운동The Korean Independence Movement'을 간행하였다. 가로 23㎝, 세로 15㎝의 신국판 크기로 표지를 포함해 총 52쪽으로 구성돼 있다. 화보에는 발행 지역이 상해로 명기돼 있으나 발행처는 책의 뒷면에 대한적십자사의 조직과 구성 등에 대하여 상세히 기록하고 관련 사진들을 2장 싣고 있는 것으로 보아 해에 있던 대한적십자회가 발행하였음을 짐작해 볼 수 있다. 출판사는 Oriental Press로 되어 있다. 발행 일자는 표시되어 있지 않으나 1920년으로 추정된다. 대한적십자회가 독립전쟁에 대비하여 간호원양성소를 1920년 1월 31일에 개설하였는데 이때 사진이 실려 있기 때문이다.

'한국독립운동The Korean Independence Movement'은 영어로 간행되었다는데 일차적으로 큰 의미를 갖고 있다. 상해에 있는 서양 외국인들에게 일단 일제의 만행을 고발하는데 큰 일익을 담당하였을 것으로 보인다.

■

[17] 한편 위에서 살펴본 명단은 USC에 소장되어 있는 문서에는 다음과 같이 기록되어 있다.
명예총재 서재필박사 전 대한황제고문 고문부 이승만박사 대한임시정부 대통령
이동휘각하 대한임시정부 총리   안창호각하 대한임시정부 노동총장
문창범각하 대한임시정부 교통총장   대한적십자 본부직원
이희경 회장, 안정근 부회장, 서병호-이사장, 김태연-서기, 고일청-재무부장, 옥성빈-감사 김순애-감사
본부 임시사무소, 중화민국 상해
常議府
장건상 현순 이광수 오의선 정인과 손정도 강태동 김병조 김한 김홍서 이춘숙 이화숙
김철 김보연 원세훈 이기룡
회원(4252.9-4253.4) 620인/16인(중인), 59(서인), 545인(한인)

피치목사를 비롯하여 서양선교사들이 조선의 독립을 지지하고 후원하는데 일익을 담당하였을 것으로 보인다. 아울러 대한적십자회에서는 이관용을 스위스 제네바에 파견하여 국제적십자사에 이 책을 전달하여 일제의 만행을 규탄하였을 것이다. 또한 영어로 작성되어 있이 미국 등지에도 다수 전달되었을 것으로 보인다. 이점은 미국 캘리포니아에 살고 있는 주민이 남가주대학에 이 책자를 기증한 것에서도 짐작해 볼 수 있다, 또한 이 책자는 프랑스에도 전달되었다. 프랑스 파리의 국제현대사료도서관-현대사박물관(Bibliothèque de Documentation Internationale Contemporaine-Musée d'Histoire Contemporaine, BDIC-MHC, 보통 BDIC로 불림)에서도 소장하고 있음을 확인했기 때문이다.

본 사진첩에는 수원사건으로 불리워지는 제암리, 수촌리, 화수리 등의 학살사건에 대한 사진들이 다수 실려 있음이 주목된다. 일제의 만행으로 수많은 이재민들이 발생하였음은 『매일신보』 1919년 4월 23일자 〈수원이재민〉 등을 통하여도 짐작해 볼 수 있다. 이들 이재민에 대하여 조선에 있던 일본적십자사 조선지부에서는 전혀 관심을 기울이지 않았다. 이에 대하여 미국적십자사에서 수원 이재민들을 위하여 적극적인 구조 활동을 전개하였던 것은 우리가 주목해야할 또 다른 흥미있는 새로운 사실이다. 1920년 3월 8일자로 대한적십자회 구주지부장 이관용이 국제적십자사 사무총장에 보낸 각서 내용(부록)을 통하여 이를 추정해 볼 수 있다.

1920년 3월 8일자로 대한적십자회 구주지부장 이관용이 국제적십자위원회 사무총장에게 보낸 각서Memorandum

1910년 대한제국 합병에 따라 일본적십자사로 통폐합되었던 대한적십자회가 대한민국 임시정부의 승인에 따라 1919년 8월 29일에 재건되었습니다.

대한적십자회는 해당 통폐합이 무효임을 선언하였으며, 지금까지 이어진 두 적십자사의 모든 관계를 이로써 끝내고자 합니다. 다음의 사항들을 고려하면, 대한적십자회의 독립은 무엇보다 중요합니다.

1) 대한민국 독립선언 이후, 무장을 하지 않은 대한민국 국민들과 일본 군대 사이의 충돌이 단 하루도 빠짐없이 이어지고 있는 상황입니다. 대한민국 국민들은 엄명에 따라 비폭력 행동을 이어가고 있음에도 불구하고(독립선언을 통해 모든 폭력적 행위를 금지하였음) 일본 군대와 경찰은 무력적 제압에 의존하고 있으며 이는 교전국 사이에 지켜야하는 규칙과 관습에도 반합니다. 이로 인해 비무장 민간인들이 학살되고 수백 개의 마을이 파괴되었습니다. 또한 여성과 아이를 포함한 수천 명의 무고한 사람들이 다치고 감옥에서 고통 받고 있습니다. 상기 사항들은 한국에 있는 미국, 영국, 프랑스 영사당국 및 미국 상원에 의하여 조사되고 확인되었으며 마침내 일본정부도 이 사실을 인정하였습니다. 1919년 3월 1일부터 연말까지 발생한 피해는 다음과 같습니다.

· 사망자 수 7,645명
· 부상자 수 45,562명
· 투옥된 수 49,811명

생계부양자가 사망 또는 부상, 투옥된 가정의 가족들은 매우 곤궁한 처지에 처해있습니다. 게다가 750채의 집이 불 탔으며 59개의 교회와 3개의 선교회가 파괴되기도 하였습니다.

2) 한국 국민들이 고통 받고 있음에도 여전히 일본적십자사는 어떠한 구호활동도 펼치지 않고 있습니다. 한일합병 이후 일본적십자사는 한국인 기부자로부터 2,250만 프랑을 기부 받았음에도 불구하고, 단 한 푼도 한국인을 위해 쓰지 않고 있습니다. 지난 4월 제암리 학살 사건 때, 서울에 있던 미국적십자사가 구호활동을 하고자 하였으나, 일본 당국은 일본적십자사가 그들을 돌보겠다며 이마저도 승인하지 않았습니다. 그러나 일본적십자사는 아무활동도 하지 않았으며, 결국 미국적십자사는 일본정부의 허가 없이 피해지역을 방문하여 응급처치와 식량, 의복 등을 지원하였습니다.

3) 이러한 어려움에 더해 전국적으로 기근까지 만연한 상황입니다. 3개 시도는 농작물 작황이 완전히 실패하여 4백만 명이 피해를 입고 있으며 5개의 다른 시도 역시 작황이 좋지 않아 7백만 명이 어려움을 겪고 있습니다. 현재 최소한 3백만 명의 사람이 아사의 위기에 처해있습니다.

4) 상기 사항에 비하면 상대적으로 작을 수 있으나 위험을 초래할 수 있는 아시아 콜레라가 최근 한국에 발생하고 있습니다. 지금까지 9천 명의 사망자가 발생하였고 2만 5천 명의 감염자가 보고되었습니다. 그러나 일본적십자사는 아무런 구호활동을 실시하지 않고 있습니다.

5) 앞으로 한국에서 발생될 많은 일들을 생각하면, 여전히 가장 시급한 문제는 일본적십자사로부터 대한적십자회가 독립하는 것입니다. 한국인들은 앞으로 수 년 동안 대한민국의 독립을 위하여 계속 투쟁할 것입니다. 하지만 일본정부는 한국인을 강도나 폭력단으로 취급할 것이며 그들을 고문하고 수탈하며 학살할 것입니다.

이러한 긴급한 상황 속에서, 대한적십자회는 ICRC의 원칙에 입각하여 재조직되었으며 정부로부터 적법하게 승인받았습니다. 대한적십자회는 적십자 병원 설립 및 훈련된 남녀 봉사원 양성, 금품의 모집 및 배분을 통해 각종 재난 시 체계적인 구호와 긴급 서비스를 제공하는 것을 목적으로 합니다.

지금까지 대한적십자회는 기관 설립을 위하여 노력하였습니다. 훈련된 의사와 간호사는 모든 마을에 적십자를 설립하기 위하여 전국 각지를 돌았으며 하와이, 멕시코, 중국, 러시아, 미국에 있는 한국인들은 우리의 도움 요청에 즉각 응하였습니다. 현재 10,200명의 멤버가 있으며 내년 예산으로 7백 5십만 프랑이 마련되었습니다. 2달도 채 되지 않은 기간 동안 캘리포니아에 있는 한국인들로부터 6만 5천 프랑이 모였습니다. 그들의 열의를 생각한다면(캘리포니아에 있는 한국인 대부분은 스스로 생계를 꾸려야하는 학생들과 노동자입니다.) 대한적십자회는 우리의 목적을 성사시켜야한다는 모든 사람들의 희망을 가지고 있는 것입니다.

중앙위원회 구성

대한적십자회 자문위원회

서재필 박사	명예회장
이승만 박사	대한민국 임시정부 대통령
이동녕	대한민국 임시정부 국무총리
안창호	대한민국 임시정부 노동국총판
문창범	대한민국 임시정부 교통총장

대한적십자회 임원

이희경	총재
안정근	부총재
서병호	사무총장
김태연	서기관
고일청	회계관
옥성빈	
김순애	감사관

중앙위원회(상하이)

Kwang S.Yi | Keun S.Chang | In Kwa Chung | Tai Tong Kang | Han Kim | Choon S. Yi | Chul Kim
Sei Hun Ween | Soon Hyun | E.S.Oh | J.D.Son | B.J.Kim | H.S.Kim | W.S.Yi | E.Y.Kim | K.R.Yi

참고문헌

The Korean Independence Movement, oriental press, shanghai, 1920.

An Open Letter By The Women Of Korea.

대한적십자사 샌프란시스코지회, A Plea from the land of sorrow-korea.

1920년 3월 8일자로 대한적십자사 구주지부장 이관용이 국제적십자사 사무총장에서 보낸 각서.

『독립신문』

『자유한국』

국사편찬위원회『대한민국임시정부 자료집 21 - 파리위원부』, 국사편찬위원회, 2007.

『독립운동사자료집』7권: 임시정부편, 1973.

김승태『3 · 1독립운동과 기독교 3 - 영문 선교사 자료 편』, 한국기독교역사연구소 2019.

김승태『3 · 1독립운동과 기독교 1 - 신문기사 편』, 한국기독교역사연구소, 2019

大韓赤十字社 편,『大韓赤十字社70年史』, 大韓赤十字社70年史編纂委員會 1977.

박환,『경기지역 3 · 1독립운동사』, 선인, 2007.

박환,『사진으로 보는 3 · 1운동과 혁명의 기억과 공간』, 민속원, 2019.

서울역사박물관,『서울과 평양의 3 · 1운동』, 2019.

한국사연구회,『3 · 1운동의 역사적 의의와 지역적 전개』, 경인문화사, 2019.

김승태,「3 · 1운동 시기 세브란스 외국인 선교사들의 대응 : 스코필드와 에비슨을 중심으로」,『延世醫史學』22-1 연세대학교 의과대학 의사학과 의학사연구소, 2019.

김주성,「미국 선교사 Fitch 일가의 한국독립운동 지원 활동」,『한국독립운동사연구』57, 2017.

이기동,「피치─한국의 독립운동과 기독교청년회를 도운 은인─」,『한국사 시민강좌』34, 일조각, 2004.

이혜원,「대한민국임시정부와 선교사: 미화서관을 중심으로」,『대한민국임시정부와 기독교』, 한국기독교역사연구소 한국기독교역사학회, 2019.

홍선표,「독립기념관이 공개한 3 · 1운동 영문 사진첩」,『신동아』2011년 4월.

러시아 대한적십자회의
조직과 주요 구성원

I. 서언

1919년 4월 상해에서 대한민국임시정부가 수립된 이후 조선의 독립을 위한 수많은 노력들이 활발히 전개되었다. 그 가운데 동년 7월 상순 상해에서 대한제국의 적십자회가 대한적십자회로 재건되어 조선의 자주민으로서 적십자활동을 새롭게 전개하고자 하였다. 이에 미주 및 러시아 등 해외동포들이 사는 지역에 대한적십자회 지부를 만들어 인도주의적 활동을 전개하려는 움직임이 강하게 나타났고, 1919년 9월 러시아 연해주의 대표적인 지역인 우수리스크에 그 임시지부가 설치되기에 이르렀다. 임시위원장 박인원朴仁源, 부위원장 오성묵吳聖默, 재무 허만설許晚尙, 서기 류진호柳振昊 등이었다.

이후 러시아지역에서의 대한적십자회 활동은 보다 확대된 것 같다. 1919년 11월 15일 대한적십자회 제1회 정기총회의 보고에 따르면, 회원 총 999명 가운데, 우수리스크(니콜스크) 95명, 이르크츠크 148명, 톰스크 54명 등으로 기록되고 있다. 이는 적십자 활동이 시베리아 중심부 지역까지 확대되고 있음을 보여주는 것이다. 아울러 수적인 측면에서도 국내, 중국지역과 비교하여 결코 적지 않은 수를 기록하고 있다고 볼 수 있을 것 같다. 앞서 언급한 제1회 정기총회의 보고를 보면, 상해는 224명, 북경 29명, 천진 245명, 경성(서울) 116명, 만주 유하현 15명, 멕시코 20명, 하와이 53명 등이었기 때문이다.

일제강점기 대한적십자회의 활동을 연구하는 것은 독립운동사연구의 외연을 확대하여 인도주의적 활동까지 살펴본다는 측면에서 매우 중요하다고 할 수 있다. 이에 최근 대한적십자회에 대한 관심이 증대되면서, 대한적십자회의 설립과 활동, 주요 인물 등에 대하여 다각적인 연구가 진행되었다.[1]

그럼에도 불구하고 적십자회의 만주, 러시아, 미주 등 해외조직과 국내 활동 등 여러 부분이 아직 미개척 단계인 것 같다. 그러므로 본고에서는 지금까지 검토되지 않은 대한적십자회의 러시아 연해주 조직과 활동에 대하여 알아보고자 한다. 이를 위하여 먼저 연해주에서의 적십자회의 조직에 대하여 살펴보고 이어서 참여 구성원의 면모 그리고 활동 등에 대하여 알아보고자 한다.

Ⅱ. 러시아지역 대한적십자회의 조직

러시아 연해주 지역에 대한적십자회가 설립된 것은 1919년 9월 9일

---

1 대표적인 연구성과로 다음을 들 수 있다.
조규태, 「대한적십자회의 설립과 확장, 1919~1923」, 『한국민족운동사연구』 102, 2020.
성주현, 「대한적십자회 요인 이희경과 이관용의 활동과 민족운동」, 『한국민족운동사연구』 102, 2020.
박환, 「대한적십자회의 3·1운동영문사진첩」, 『한국민족운동사연구』 102, 2020.

자 『독립신문』을 통하여 짐작해 볼 수 있다.

赤十字會의 宣言

我 赤十字會는 大韓民國赤十字會 宣言書 及 下記와 갓흔 決議文을 發起人 安昌浩氏 以下 78名의 名義로 發表하다.

決論

1. 日本赤十字社에 對하야 關係의 斷絶을 宣言하고 捐金의 返還을 要求할 것.

2. 國際盟會에 向하야 日本赤十字社의 無道無義한 罪惡을 聲討하는 同時에 우리의 正義的 態度와 獨立的 資格을 完全히 表示함으로 赤十字聯盟會에 加入할 것.

3. 神聖한 獨立戰爭에 就하야 生命과 身體를 犧牲하고 國民의 義務를 다하는 同胞를 救護함은 우리 赤十字會의 第一 要務요 急先務라 고로 自由精神을 가지고 同胞의 慘狀을   허하는 우리 民族이여 誠心協力하여 本會의 目的은 達할 지어다.

大韓民國 元年 8월 일

赤十字會 代表選定

今開하는 萬國赤十字會에 赴參할 我赤十字會 代表는 現瑞西수   大學에 在하 李寬容(灌鎔)君이 被選하엿더라.

赤十字會 美洲支部

在桑港新韓民報社는 新設된 我赤十字會支部로 會員募集 及 會金收合에 從事中이라고.

赤十字 蘇王營支部

俄領 在留 我同胞는 赤十字會의 通告를 受한 後 卽時 臨時委員會를 組織하고 任員을 選定 後 會員募集과 諸般 事務를 進行 中이라는데 其 任員은 如下.

臨時委員長　朴仁源

副委員長　吳聖默

財　務　許晚壽

書　記　柳振昊

신한촌

위의 기록을 통해 보면, 1919년 8월 러시아지역의 동포들은 적십자회의 통고를 접한 후 즉시, 러시아 우수리스크에 지부를 설치하는 한편 임시위원회를 조직하고, 위원장, 부위원장, 재무, 서기 등을 선출하였던 것이다. 아울러 1919년 8월 29일 내무총장 안창호安昌浩 명의로 된 인가장의 대한적십자회 회규에 따르면, 러시아지역은 대단히 중요한 지역임을 짐작해 볼 수 있다.[2] 즉,

데6됴 본회는 경성에 설치함.

단 당분간 림시총사무소를 블라디쏘스톡(히삼위)에 둠. 혹 총사무소를 이뎐할찌는 상의회의 의결을 요함.

라고 있는 것이다.

아울러 러시아의 대표적인 한인단체인 대한국민의회의 의장이며, 대

한민국임시정부 교통총장이었던 문창범文昌範, 한인사회당 당수, 대한민
국임시정부 국무총리가 되는 이동휘李東輝는 이승만, 서재필 등과 함께
적십자회 고문으로 추대되었다. 대한적십자회 顧問推選 通知는『우남이
승만문서』동문편 제8권, 423쪽에 이승만 것만 남아 있으나 같은 형식의
것으로 추정된다.

발신일 : 大韓民國 元年 9월 20일
발신자 : 大韓赤十字會 會長 李喜儆
수신자 : 李承晩

大韓赤十字會 顧問推選 通知
敬啓者
本赤十字 常議會에서 閣下로 本會顧問을 推選하엿삽기 玆에 仰告하오
니 照亮하심을 望함.

大韓民國 元年 9월 20일
大韓赤十字會 會長 李喜儆
李承晩 閣下

아울러『독립신문』1919년 9월 23일자에,〈적십자위원회〉에도, 문창
범과 이동휘가 고문으로 임명된 사실이 다음과 같이 보도되고 있다.

赤十字委員會
十九日 下午 九時에 法(프랑스)界 長安里 民團事務所 內에서 赤十字(적십
자) 常任委員會가 關會되다. 會長 李喜儆(이희경)氏가 提出한 會規草案은 修正
委員 徐丙浩(서병호)·鄭仁果(정인과) 兩氏를 選定하여 修正 通過하기로 決定

하다. 會長은 對外 英字宣布文의 內容을 翻譯하여 書記로 朗讀케 한 後 幹部員의 熱誠의 乏함을 說하고 從하여 有故 任員에게 辭職을 勸告키로 하다. 名譽總裁와 顧問을 選定하니 總裁에 徐載弼(서재필)氏, 顧問에 李承晚(이승만), 李東輝(이동휘), 安昌浩(안창호), 文昌範(문창범) 四氏러라.

그 후 점차 러시아지역에서의 대한적십자회 조직은 보다 확대된 것 같다. 1919년 11월 15일 대한적십자회 제1회 정기총회의 보고에 따르면, 총 999명 가운데, 우수리스크(니콜스크) 95명, 이르크츠크 148명, 톰스크 54명 등으로 기록되고 있다. 이는 적십자 활동이 시베리아 중심부 지역까지 확대되고 있음을 보여주는 것이다. 아울러 대한적십자회 러시아지부는 시베리아를 중심으로 보다 확대된 것으로 보인다. 1920년의 다음의 기록은 이를 보여주고 있다.

문서철명 : 朝鮮騷擾事件關係書類 共7冊 其3
문서제목 : 국외정보-러시아 각지에서 과격파 조선인의 동정
문서수신번호 : 密第33號 其78
문서수신일자 : 3월 4일
문서발신번호 : 高警第5283號
문서발신일자 : 1921년 2월 26일

국외정보-러시아 각지에서 과격파 조선인의 동정

1920년 4월 7일 이르쿠츠크Иркутск공산당 한족부에서 발행하는 조선인 과격파 기관지 한글 신문인 『적기』에 게재된 중요기사의 번역문은 다음과 같다.

13. '베르흐네우딘스크' 그 외에서 한인 각 단체의 명칭 및 위치 간부 씨명(중략)

○ 옴스크
국민회장 김봉준金奉俊
청년회 회장 이인섭李仁燮
적십자회 회장 이인섭
무관학교 주무 이 타무르
공산당회장 이 타무르
대동신문사 주필 이성李聖
무관학생회회장 안경억安京億

○ 노우이니코라에스크
국민회 회장 윤덕유尹德有
청년회 회장 김 표토르
적십자회

○ 크라스나야르스크
국민회장 변창호邊昌浩
청년회
적십자회
한인공산당
무관야학교(관청에 교섭 중)

위에서 보는 바와 같이, 1920년대 초 대한적십자회는 옴스크, 크라스노야르스크, 노우이니콜라에스크 등지에도 지부를 두었다. 이르크츠크 공산당 기관지 『적기』에 적십자 관련 내용이 실린 것은 주목된다. 특히 옴스크의 경우 이동휘가 당수로 활동한 한인사회당의 대표적 인물인 사회주의자 이인섭이[3] 적십자회를 맡은 것은 더욱 주목된다.

3   반병률, 『망명자의 수기』, 한울아카데미, 2013.

Ⅲ. 주요 구성원

1. 고문 역할-이동휘, 문창범, 안정근

문창범

대한적십자회 러시아지부에 영향력을 행사한 인물로서 주목되는 사람은 이동휘, 문창범, 안중근의 동생이며 대한적십자회 부회장으로 활동한 안정근安定根이라고 판단된다. 이동휘는 구한말부터 1920년대까지 국내 및 만주 러시아지역의 독립운동을 주도한 대표적 인물이다.[4] 문창범은 대한국민의회 의장으로서 대한민국임시정부 교통총장으로 활동한 인물이다.[5] 그는 앞서 살펴본 바와 같이 러시아의 대표자로서 대한적십자회의 고문으로 활동하였던 것이다. 그러므로 러시아지역 대한적십자회 지부도 그의 근거지인 우수리스크에 처음 조직된 것이 아닌가 판단된다.

안정근은 대한적십자회의 부회장으로 활동한 인물이다. 그 역시 러시아지역에 큰 영향력을 갖고 있던 인물이었다. 『독립신문』 1920년 1월 31일자를 보면 다음과 같은 기사가 있다.

安義士의 遺族

오는 3月은 哈爾濱의 義士 安重根公의 殉國한지 滿 10年이라 우리 義士의 遺族이 只今엇더한가.

安義士殉國 當時에 故國을 써나 아모 生活의 資産이 업는 10數人의 그

4   반병률, 『임시정부의 초대 국무총리 誠齋 李東輝 一代記』, 범우사, 1998.
5   박환, 「대한국민의회 의장 문창범」, 『한국민족운동사연구』 98, 2019.

一族은 或은 敵에게 쫓기며 或은 飢寒에 辛苦하다가 令季定根氏 健鬪로 艱
辛히 吉林省 穆稜縣 東淸鐵道 租借地에서 數年間 一家를 支持하게 되다. 故
李甲先生도 그 家族과 함쯰 此地에서 療養할세 定根氏는 그 家事를 專任하
다. 그러나 大戰 勃發後에 日本의 勢力이 東淸 鐵道沿線에 퍼짐을 當하야 屢
次 家宅搜索을 當하고 不得已 俄領 蘇王營으로 搬移하야 今에 至하다.

蘇王營(우수리스크-필자주)에는 安義士의 慈堂 及 未亡人과 셋재 令 季恭根
氏 及 其他 家族이 在하고 定根氏는 義士의 遺孤인 長女 賢生孃(18) 及 嗣子
祐生君(13)과 定根氏의 長子源生, 恭根氏의 長子俊生 兩君의 敎育을 爲하야
上海에 來留하다.

義士의 慈堂은 海外에 來한 後로 거의 寧日이 업시 東은 海蔘威로 西는
바이칼에 至하기 신지 奔走하여 同胞의 警醒에 從事하엿고 定根氏는 只今
大韓赤十字會 副會長의 職에 在하며 恭根氏는 多年 모스크바에 留學하야
俄語俄文을 能하며 現今은 蘇王營에서 家事의 監督과 本報에 已揭한바와
갓히 開墾事業에 從事하는 中이라.

6·7年前에 洪神父를 隨하야 德國에 留學하던 義士의 從弟奉根氏도 只
今 上海에 在하다.

상기와 같이, 안정근은 대한적십자회 부회장으로 활동하였다. 안정근은
대한민국임시정부 안창호의 명령에 따라 왕삼덕王三德과[6] 함께 만주 러
시아지역으로 파견되어 독립전쟁에 일익을 담당하였다.[7] 그러한 가운데
안정근은 러시아지역 대한적십자회의 활동에도 기여했을 것으로 보인
다. 1919년 3·1운동 후에 상해에서 대한민국임시정부가 수립되자 안정

■

6   박경, 「王三德의 생애와 민족운동」, 『한국민족운동사연구』 87, 2016.
7   오영섭, 「안중근가문의 독립운동」, 『한국민족운동사연구』 30, 2002, 45-46쪽.

근은 11월 이전에 상해에 도착했다.[8]

2. 1920년 러시아 대한적십자회 대표 박처후朴處厚

평안북도 순천에서[9] 상인의 아들로 태어난 박처후는 유학하려고, 24세 때인 1905년 2월 13일 하와이 호놀룰루에 도착하였다. 그는 하와이의 카우아이Kauai섬에 있는 뢰휘농장에서 일하다가 1905년 중반에 미국 본토로 건너가 짐꾼 등 육체노동을 하다가 학업에 정진하였다.[10]

박처후는 자유와 권리란 학식이 있는 자만이 아는 것이며, 학식이 있으려면 교육과 외국유람이 중요함을 강조하는 글을 국내 『제국신문』에 기고하였다.[11] 아울러 『공립신보』 1908년 6월 3일자에는 미주 유학생 박처후란 이름으로 〈아한의 한 큰 기회를 창설할 일〉을 실어 동포들에게 완전한 예수국, 온전한 독립국, 완전한 자유국을 만들 것을 강조하는 한편, 네브래스카 소년병학교 교사로 활동하였고, 박용만에 이어 제2기 교장으로 일하였다. 1909년 9월 22일자 『신한민보』에는 기서, 〈吾人의 急先務는 在崇武〉라는 글을 발표하여, 탄식만 하고 있는 동포들에게 무기의 필요성을 일깨우고, 전 국민이 군사훈련을 받아 나라를 다시 찾고 지켜야 한다는 것을 강조하였다.

박처후는 1915년 네브래스카 주립대 커니 사범대학에서

박처후

8 오영섭, 위의 논문, 43-44쪽.

9 평양출생이란 기록도 있다. 불령단관계잡건, 재서비리아.

10 최창희, 「韓國人의 하와이 移民」, 『국사관논총』 9, 국사편찬위원회, 1989.

11 『제국신문』 광무 9년(1905년) 6월 16일 기서-미국 유학생 박처후가 보낸 편지, 제국신문 광무 9년 12월 21일, 대한매일신보 광무 9년 12월 23일 · 24, 〈잡보〉 미국 유학생 박처후씨가 한국동포를 권면하기 위하여 제국신문에 국문으로 기서한 바, 유하기로 이에 다시 번역하여 본보 상에 게재하노니 그 전문이 如左하더라.

수학을 전공하고 졸업하였다. 그 후 다시 영어를 전공하다가 그만두었다. 그는 한국으로 부임하여 가는 미국 감리교 감독 헐버트 웰치의 통역겸 조수로 귀국하였다. 재학 중에는 보석상에서 심부름꾼으로 일한 것으로 알려져 있다. 1914년 6월에는 『대한인북미유학생영문보』를 발간하였는데, 총주필을 담당하였다.[12] 1916년 귀국하여 연희전문서 수학을 강의하였다.[13]

박처후의 블라디보스토크 망명에 대하여는 그가 신한민보에 보낸 다음의 기사를 통하여 짐작해 볼 수 있다. 『신한민보』 1919년 9월 20일자 〈1919년 6월 러시아 블라디보스토크로 망명〉 "우리 적십자회를 도오라" 라는 제목하에,

박처후씨는 본국을 떠나, 내지에는 참말 견딜수 없어.

9월 17일 본사에 도착한 박처후씨의 편지를 본즉 씨는 내지에서 독립운동 이후로 일반 인민을 불문곡직하고 핍박하며, 수도없이 못살게 구는 고로, 중국과 또 러시아로 도망하는 사람이 한량없이 많은데, 씨도 그중에 한 사람으로 6월 중순에 블라디보스톡(해삼위)로 나아와 그곳에서 우리 독립군들을 도와 무슨일이던지 하기로 결정하였노라하더라.

■

12 장규식, 1900~1920년대 북미 한인유학생사회와 도산 안창호」, 『한국근현대사연구』46, 2008, 127-130쪽.
13 안형주, 『박용만과 한인소년병학교』, 지식산업사, 2007, 356-257쪽.
연세대에 문의해보니 박처후가 교수로서 활동한 기록은 없다고 한다. 다만 3,1운동 신문조서에서 짐작해 볼 수 있다. 『한민족독립운동사자료집』 13, 이만규신문조서(1회). 당시 개성송도고등보통학교 교사 이만규의 신문조서에 다음과 같은 기록이 있다. " 2월 25·6일경에 京城의 延禧專門學校 생도가 두 사람이 와서 교사 朴處厚의 집을 찾았다는 말을 들었고, 또 학교 교문에서 한 사람이 빵떡모자를 쓰고 있는 사람이 서 있었고, 한 사람은 우물 부근에 있는 것을 본 사실이 있으나 그때 우리 학교의 생도를 동인 등이 데리고 뒷산 방면으로 올라간 상황이어서 당시 아무런 생각도 없었으나 후에 생각하여 본 즉, 혹은 京城으로부터 선동을 하려고 온 것이 아닌가 하고 생각하였다.
위의 기록을 통해 보면, 박처후는 연희전문에서 강의하다가 그 다음에는 개성 사립 송도고등보통학교에서 근무한 것으로도 보인다. 박처후의 부인은 이름은 미상이나 개성출신이다.

라고 있음을 통하여 살펴볼 수 있다.

블라디보스토크에 망명한 박처후는 그의 부인과 함께 미국적십자사와 교류하면서 대한적십자회 대표로 자임하며 활동하였다.[14] 아울러 블라디보스토크에 있는 대한적십사회 간호부양성에도 힘을 기울이고 있었다. 이러한 사실은 다음의 일본측 정보기록을 통해서도 살펴볼 수 있다.

不逞團關係雜件-朝鮮人의 部-在西比利亞 11 鮮人의 행동에 관한 건(鮮人基督靑年會 音樂團 渡鮮에 관한 건 외 7건) 1921-04-19 內田康哉(外務大臣)

불온잡지『조선평론』압수의 건(헌병대정보에 의함)
불령선인 박처후는 1918년(1919년의 오기로 판단됨-필자) 봄경 블라디보스토크 일번하 배일선인 張一집에 거주하였다. 작년(1920년) 3월 경 조선에 귀휘시, 청진에서 동지경찰서에 인치되었음. 동인은 미국에 유학을 해서 영어에 정통해서 당시 블라디보스토크에 파견 중인 영국군과 미국군과 자주 출입이 있었고, 또 블라디보스토크에 있을 때 조선 여자들에게 간호술을 교수함과 더불어 조선인사이에 상당한 신용이 있었다.

박처후가 대한적십자회 대표로 미국적십자사와 교류한 사실은 일차적으로 간호부 양성과 관련하여 살펴볼 수 있다. 1920년 1월 당시 블라디보스토크에서의 박처후의 활동은 이승만에게 보낸 다음의 편지를 통해 짐작해 볼 수 있다.

■

14   『신한민보』 1919년 9월 20일자에 박처후가 적십자사를 돕자라고 한 것으로 볼 때, 그는 일찍부터 적십자사와 일정한 관계를 갖고 있었던 것으로 보인다. 그가 대한국민의회 외교원으로 초빙된 것을 보면, 대한국민의회 의장이었던 문창범과도 일정한 연계가 있었던 것이 아닌가 한다. 앞으로 보다 추적해야할 사항이다.

朴處厚가 李承晩에게 보낸 서한

日前에 惠函과 雜誌는 一々히 拜讀ᄒ얏사오며 下敎ᄒ신 바를 承ᄒ야 朴兄容萬의 住所을 不知ᄒ와 尋問ᄒᄂ 中이니 만일 北京에 有혼 番地만 알면 一次 委往ᄒ야 吾人의 大事을 同心 合力ᄒ자고 勸ᄒ며 某條록 吾 幾人은 一體로 結合ᄒ고 運動ᄒ자고 말ᄒ고져 ᄒ옵니다. 實로 朴兄은 與弟로 同往美洲ᄒ고 同學卒業이며 兵學校事와 Nebraska에서 諸般 會事을 同謀ᄒ되 조곰도 相違背約혼 時가 無ᄒ며 心智相충(衝)이 되지 안이ᄒ엿소이다. 然故로 弟의 言은 무슴 말이던지 過히 反對ᄒ지 안코 相應홀듯 ᄒ외다.

歐洲 聯盟會는 弟의 所見으로도 吾事에 滿足히 ᄒᄂ 것 갓지 안은 중 兄쎄서 如此히 말슴ᄒ시며 吾人의 所望에 그 會의 結果가 되지 안이ᄒ여야 吾의 好機會가 將來혼다 ᄒ시오니 미우 仰慕ᄒ오며 且 吾政府로 相合ᄒ야 多々혼 好事을 將成ᄒ시갓다 ᄒ오니 더옥 期望ᄒ오며 多感多謝ᄒ외다.

同封혼 便紙는 卽時 Mr. Allen에게 던(傳)ᄒ오니 미우 반갑쎄 接讀ᄒ오며 말ᄒ되 回答을 곳 ᄒ여 보니갓다 ᄒ옵니다. 近日에 此處 美兵은 三月 十五日前으로 撤退ᄒ게 된다 ᄒ기로 美赤十字會도 連ᄒ야 退還혼다 ᄒ오. 然ᄒ나 其會 大部分은 退去ᄒ되 幾人 事務員은 不去ᄒ여 吾人의 看護婦는 該 會에서 如前 契約디로 養成ᄒ며 敎育ᄒ여 주기로 ᄒ옵니다. 然ᄒ나 Mr. Allen도 將츠 回還ᄒ갓다 ᄒ옵니다.

此 西伯里亞 大勢로 말ᄒ면 콜칰크政府가 과격파에게 一敗塗地ᄒ야 各處으로 分散ᄒ고 此 海港 近處에만 幾介 軍兵이 餘存ᄒ여 反抗ᄒᄂ 中이나 此亦 無力ᄒ야 一二月間으로 全敗혼다고 云々ᄒᄂ이다. 然故로 聯合軍은 各々 콜政府을 도와 平定되면 鐵路나 礦山이나 山林을 各々 얻어 가지고 利益을 볼나고 ᄒ엿다가 콜政府가 敗ᄒ고 과격파가 승ᄒ게 되어 生覺혼디로 利을 不得ᄒ게 되는 고로 다 撤退ᄒᄂ 中이외다. 然ᄒ나 日本은 無禮히 不退ᄒ고 增兵코져 ᄒ니 各國에서 是非ᄒ고 또혼 此處 俄人들도 空然혼 野心 먹고 利益을 좀 볼가 ᄒ고 獨히 內政을 干涉혼다고 極히 미워ᄒᄂ이다. 그

然故로 日前에도 此 城內 勞働者가 日司令部에 撤退 호라고 警告文을 호여
보니며 他便에 논 退還치 안을 나면 接戰 갓지 호자고 글을 보니엿다 호 논
이다. 然 호나 此處에서 他戰爭 호기 젼에 日露戰爭이 만만젼되갓소이다.

此 西伯里亞에 吾 韓人은 萬餘里을 連接 호여 안이 居 호 논 곳이 업스며
各各 散居 호야 商·農·工·漁業에 탁수 호여 生活 호면셔 臥薪嘗膽으로 復
國 홀 듯만 두고 잇소이다. 各 處에 團體을 結合 호고 本國을 爲 호야 生命을
棄 호고 回復 호기만 願 호 느이다. 此國은 戰敗國 되여 士·農·工·商에 出物
이 無 호야 各樣이 高貴 혼 中에도 若干 혼 財政을 모집 호여 軍器을 買入 호여
두고 一邊 大機會을 苦待 호고 一邊 과격파가 승 호야 此處에 갓지 出 호기를
望 호고 深히 準備 호 논 中이니 果然 此處가 吾人에 有望處가 크게 되갓소이
다. 日前에도 此 各 處에 韓人 引導者를 尋訪 호고 吾兄이 貴 處에서 諸 有
志紳士로 더부러 外交와 內政을 잘 호신다 호엿소이다.

만일 호실 수 잇스면 運動費을 多少間 付送 호여 주시면 5우 감수 호갓소이
다.

弟 朴處厚 大韓民國 二年 正月 二十七日[15]

위의 기록을 통하여 볼 때, 연해주지역 간호부양성은 미국적십자사에
서 일정한 역할을 하여 주고 있음을 짐작해 볼 수 있다. 특히 이 부분과
관련하여서는 미국 유학을 한 박처후의 역할이 큰 것으로 짐작된다.

조선인들이 미군적십자사에서 교육을 받은 사실은 채계복蔡啓福의 경
우를 통해서도 짐작해 볼 수 있다. 일본측 기록에 따르면, 채계복의 경

■

15　불령단관계잡건-조선인의 부-재서비리아 9, 선인의 행동에 관한 건 1920-02-14 菊池義郎(블라디보스토크 總領事)
　　1920년 1월 29일 박처후가 이승만에게 보낸 편지. 국사편찬위원회, 『대한민국임시정부자료집』 42, 제목 25. 朴處
　　厚가 李承晩에게 보낸 서한

우 미군적십자사에서 간호부 양성 교육을 받았음을 짐작해 볼 수 있다. 또한 일본외무성 자료, 〈노령부인독립회에 관한 건〉에 다음과 같은 기록이 있다.

不逞團關係雜件-朝鮮人의 部-在西比利亞 9 鮮人의 행동에 관한 건 1920, 3, 12 菊池義郎(블라디보스토크 總領事)

노령 부인독립회, 일명 애국부인회는 3월 7일 밤 8시부터 10시까지 장일집에서 집회를 개최하였는데 참석자는 다음과 같다.

회장 이의순(오영선의 처, 이동휘의 딸)
총무 최호제(최관흘의 딸, 김하구의 처)
재무 함안나(함세인의 처)
서기 채계복(채성하의 딸, 경성유학생, 영흥인)
회원 약 100여인
입회금 250루불

의무금으로서 매월 비용 10분의 1을 절약해서, 저축해서 부인회에 제공한다(천도교도를 모방한 것).

국민의회 외교원 박처후의 처외 수명의 여자가 적십자사 간호부로서 미군적십자사에서 간호술연습중인데. 독지가로 하여금 본회에 원조하게 하고 있다.

비고 : 간호부 견습 여자 중에는 "채계복이 작년 12월 중 간도에 가서 동행해온 자들도 있고(임국정의 일기와 자백에 의함), 또 박처후는 평양출생 미국유학생 출신으로서, 연령 40여세, 국민의회가 외교원으로 초치한 자이고, 박처후의 처는 개성인으로, 부부가 함께 능히 미군과 미군적십자사에 출입하

고, 그 부인은 최근 스스로 주임이 되어, 부인병원같은 것을 설치하려고, 그 자금을 모금 중에 있다고 하고, 이번회 부인회에서는 그것을 원조하기 위하여 의연금을 모집한다고 한다.

상해소재 부인회와 연락하면서 휘장을 세정해서 회원들에게 나누어주고 있다. 상해에 있는 부인회는 미국에 있는 부인회와 연락하고,

한편 대한적십자회에서 활동한 박처후는 무기구입 활동도 전개하였다. 대한적십자회가 인도주의적 활동을 표방하고 있으나 기본적으로 독립운동단체적 성격이 있음을 볼 때 충분히 가능한 이야기가 아닌가 한다. 이와 관련하여 불령단관계잡건-조선인不逞團關係雜件-朝鮮人의 부-재서비리아部-在西比利亞 9, 문서제목 선인鮮人의 행동에 관한 건(1920년 4월 3일)에 보면, 평안도인 박영빈(25세)은 근일 간도방면으로부터, 블라디보스토크로 돌아와 박처후를 통해 군총 300정을 1정에 4,000루블(검토필요 필자)(탄환 100발씩 첨부)에 계약했다고, 박영빈은 앞서 언급한 조선인 모씨에게 밀하였다. 박영빈은 러시아돈 3백만루불을 가지고 있는데, 그 안에는 금괴도 포함되어 있다고 한다.

(1920년) 3월 23일 체코군 의사 베리코프는 외국인 상점에서 일하는 조선인 모씨를 방문했는데, 모씨의 소개로 박처후를 방문해서 군총 60정, 총알 각 100발씩 하여 1정당 4천루불씩(검토필요 필자) 매매계약을 하였다. 박처후는 (신한촌) 해성병원 2층에 있는데, 그는 2년 동안 척수염으로 보병이 불편하여, 미군 및 기타와 교섭할 때에는 마차나 자동차로 왕복한다. 병세가 악화되어 시립병원에 입원하였다고 하는 기록이 있다, 한편 박처후는 미국적십자사와 교류하여[16] 신한촌에 병원을 설립하

■

16   미국적십자사가 만주와 러시아지역의 한인을 후원한 내용은 『독립신문』 1919년 11월 1일자 다음의 기사에서도

고자 하였다.[17] 불령단관계잡건-조선인不逞團關係雜件-朝鮮人의 부-재서비리아部-在西比利亞 9 선인鮮人의 행동에 관한 건 1920년 5월 14일 국지의랑菊池義郎(블라디보스토크 總領事)에 보면, 〈박처후, 장일과 미국적십자사에 관한 건〉에 다음과 같은 내용이 있다.

박처후는 병세악화를 칭하여 조선으로 들어가자 청진경찰서에 체포되어 조사를 받았다 조사 결과는 다음과 같다.

박처후는 블라디보스토크에 있으면서 한국적십자사의 대표자라고 칭하고, 미국적십자사를 방문해서, 현재는 한국적십자사로서 공공연하게 활동하기 불가능하지만, 현재 간호부 등을 양성한다면, 타일 공공연하게 한국의 적십자사로서 활동하는 시기가 될 것이다. 그러므로 이를 위해서 상당한 원조를 간청한다. 미국적십자사에서는 이것을 크게 동정한 결과, 미래의 한국적십자회를 위해서, 그 대표자인 박처후에게 침대 15개, 기타 의료기계, 약품, 여러 재료 등 약 5,000엔의 가격 어치를 기부했다.

■

살펴볼 수 있다. 기사제목, 〈美國赤十字社가 注射液을 寄附〉, "琿春 舊聞에 屬하거니와 海參威에 虎役이 猖獗하엿슬 時에 美國 赤十字社에서는 韓人民會에 一萬名分의 豫防注射液을 寄附하엿다고(琿春)"

17 미국적십자사는 적십자의 인도주의정신에 입각하여 한인구호에 적극적이었다고 볼 수 있다. 『대한민국임시정부 자료집』 21, 파리위원부, 『자유한국(La Corée Libre)』 제2호(1920. 6.) 〈대한적십자사〉 항목에 다음과 같은 내용을 통해 추정해 볼 수 있을 것 같다.
"1919년 4월, 일본인들이 저지른 제암리(提岩里) 학살 때 서울 주재 미국적십자사는 자발적으로 즉시 원조를 제공했다 그러나 일본 당국은 일본적십자사가 원조를 준비하고 제공할 것이라는 구실로 이에 필요한 허가를 해주지 않았다. 그러나 사실상 그것 또한 증명된 바와 같이 일본적십자사는 어떤 구조도 제공하지 않았다. 일본적십자사가 한국 내 일본의 야만스러운 행정의 장치중 하나일 뿐이라는 슬프게도 확실한 증거다
서울 거주 미국인들이 일본적십자사가 자신들의 약속에도 불구하고 이 불쌍한 죽어가는 한국인들을 돕기 위해 아무런 조치도 하지 않은 것을 알게 되었을 때 그들은 일본인들의 금지령에도 불구하고 황폐화된 지방으로 도움을 주기 위해 직접 갔다. 그들이 식량, 의복, 돈과 치료를 제공했다. 이 사실은 자유를 회복하고자 한 죄를 지었을 뿐인 우리 불쌍한 동포들이 받은 유일한 도움이다."
미국적십자사의 제암이 구호관련 내용은 The knoxville Sentinel(knoxville Sentinel, Tennessee), 19. Apr.1920.4면에서도 확인할 수 있다(옥성득 교수 제공).

박처후는 이들 물건을 받아서 우선 장일에게 상속하고, 당분간 두 사람이 병원을 설립해서 사물私物로서 그 이익을 나누고, 박은 자기의 이름으로 앞의 재료들을 제공하고, 장일은 현금 수백엔을 지출해서, 문비를 정돈하고, 의사를 서울에서 초청하고, 재성하의 딸 채계복과 결혼힐 사람의 아버지를 서울 세브란스병원에 보내서, 일을 처리하고자 하였다. 그런데 박처후가 청진에서 체포되었던 것이다. 블라디보스토크에 남아있는 박처후의 부인과 장일은 의논 중임. 박처후는 출발할 때 일체의 물건을 장일에게 교부하는 것으로 증명서를 주었다고 한다. 일찍이 박처후와 관계가 있는 중국인 왕녀청王女靑은 박처후가 출발한 후 봉천으로부터 급전을 듣고 기차로 하얼빈으로부터 봉천으로 돌아갔다고 한다.

미국적십자사에서 이처럼 박처후에게 침대 등 상당한 물품을 제공해 준 것은 미국적십자사원들과 미국적십자사병원의 본국으로의 철수와 밀접한 관련이 있어 보인다. 『매일신보』 1920년 1월 22일 〈미적십자원도 역철퇴호米赤十字員도 亦撤退乎〉에 따르면, 1920년 1월 당시 미국적십자사의 경우 이르크츠크, 푸얼구니유치스크 등에서 적십자병원을 철수하는 한편, 적십자의 남녀 단원들이 본국으로 귀국하기 위하여 블라다보스토크에 집결하는 상황이었다. 아울러 수백 만불 어치의 각종 식량품 등도 소지하고 있었던 것이다. 한편 미국적십자사는 1920년 3·1운동 1주년 기념 행사 전인 2월 29일 미국적십자사 단원을 신한촌 민회에 파견하여, 학생, 빈민 적십자간호부의 수 등을 조사하여, 동년 3월 13일 아침 신한촌 소학교 생도와 간호부, 빈민들에게 의복, 신발, 모자 등 7백점을 기증한 적도 있었다. 이는 한인민회장 명의로 기증되었으며, 강양오姜良五, 김만겸金萬謙 외 1인이 수령하여, 3월 14일 배부하였다.[18]

박처후는 1918년 8월 미군이 시베리아로 출병할 당시[19], 한국에서 시베리아로 가서 미국적십자사의 일원으로 활동한 인물들과 연계를 맺었던 것이 아닌가 추정된다. 미국적십자사 단원은 의사 3명, 간호원 5명으로 구성되어 있다. 전자는 Dr.&Mrs. Ludlow, Dr.Tipton, Dr.Manfield이고, 후자는 Esteb[20], Battles[21], Roberts[22], Reiner[23] 등이다.[24]

박처후와 미국적십자사 대표[25] 또는 이들과 일면 한국에서부터 이들과 일연의 연관 관계를 갖고 있었을 가능성도 있다. 박처후는 신한민보 기사에서 알 수 있듯이, 1919년 러시아로 망명할 당시 적십자에 대해 상당한 지식을 갖고 있었던 것으로 보이기 때문이다.

아울러 박처후는 대한국민의회의 외교원으로서도 활동을 전개하였다. 불령단관계잡건-조선인不逞團關係雜件-朝鮮人의 부-재서비리아部-在西比利亞 9 선인鮮人의 행동에 관한 건 1920-04-12 국지의랑菊池義郎(블라디보스토크 總領事)에 보면 다음과 같은 기록이 있다.

■

18 不逞團關係雜件-朝鮮人의 部-在西比利亞 9, 鮮人의 행동에 관한 건, 1920년 3월 20일. 6. 미국적십자사의 조선인 구조에 관한 건.

19 윤현명, 「근대 일본의 시베리아출병에 대한 일고찰」, 『한국학연구』53, 인하대, 2019, 223쪽.

20 에스텝(1879-?)은 1917년부터 세브란스 병원의 간호부장이었고, 1918년 8월 파견되어, 1919년 1월 10일 서울로 돌아왔다. 시베리아의 옴스크 등지에서 활동하였다(옥성득, 『한국간호역사자료집』2, 간호사협회, 2017, 581-583쪽)

21 배틀즈(1888-1959)는 황해도 해주 노턴병원에서 근무했으며, 1918년 8월부터 1919년 3월까지 시베리아에서 일하였다. 그녀에 따르면, 미국적십자사 시베리아 의료단의 간호사들은 호놀로루, 중국, 일본, 한국 등에서 파견되었다 (옥성득, 위의 책, 613-618쪽)

22 로버츠(1884-?)는 1916년부터 동대문부인병원에서 근무했다. 1918년 9월부터 1919년 3월까지 만주, 시베리아 미국적십자단의 일원으로 봉사했다(옥성득, 위의 책, 624쪽)

23 라이너(1884-1962)는 1917년 경북 안동병원에서 일했으며, 1918년 8월부터 1919년 3월까지 시베리아에 파견되었다(옥성득, 위의 책, 589쪽).

24 옥성득, 『한국간호역사자료집』2, 간호사협회, 2017, 581쪽. 장로회소속은 Kathlyn M. Esteb. Ella May Reiner이고, 김리회 소속은 Della May Battles, Elizabath Sophia Roberts 등이다. 이들은 모두 미스이다.

25 『매일신보』1917년 2월 1일자에 따르면, 미국적십자사 대표 호잇치 모아리씨가 1917년 1월 30알에 남대문역에 도착하였다고 한다

국민의회 외교위원 박처후

박처후는 병세 때문에 서울 세브란스병원에 갔다.

〈독립운동과 장작림의 행동에 관힌 건〉

봉천독군 장작림이 만주의 안전을 보전하기 위히여 조선의 독립을 위하여 상해임시정부에 밀사를 파견하였고, 조선인의 독립운동을 원조하기 위하여 블라디보스토크에 밀사를 파견, 조선의 대표자를 봉천에 파견해줄 것을 요망. 블라디보스토크에서 봉천에서 파견한 밀사를 교섭담당할 사람으로 국민의회 외교위원 박처후를 韋惠林이 참여하도록 하고 그 밀사의 이름은 좌와 같다. 王介靑

한편 임시정부는 1921년 10월 29일 위혜림韋惠林을 임시외교위원에 임명하였다. [26]

3. 1921년 러시아지역 대한적십자회 대표자 의사 곽병규

불령단관계잡건-조선인의 부-재서비리아(11)-선인의 행동에 관한건 (1921.2.20.)에는 곽병규가 러시아 연해주 대한적십자회 대표자임을 밝혀주는 자료가 있어 주목된다.

대한적십자회 대표자 곽병규郭炳奎에 관한 건

재상해 대한적십자회가 블라디보스토크 재주在住 한인 곽병규에 대해서 좌기左記의 위임장을 송부하였다. 이에 곽병규는 미국적십자 블라디보스토

곽병규뒷줄오른쪽
(세브란스병원의학
교) (동은의학박물
관소장)

크 출장원에게 그것을 지참하게 하고 우右 위임장의 승인을 받고자 하였는
데, 韋惠林에게 그 통역을 의뢰하였다고 한다.

　　증명서 : 의사 곽병규

　　우의 자는 대한적십자회 의사 부원部員인데 동회 대표원으로 블라디보스
토크 및 시베리아 지방에서 회원을 모집하고 회비 기타의 회원을 갹집醵集
할 권리를 위임받은 자임을 증명함.

　　총재 독토르 여운형(서명) 대한적십자회사지장大韓赤十字會社之章
　　대한적십자회 국민위원

　　총재 려운형呂運亨
　　부총재 안정근安定根

회장 서병호徐炳浩

서기 김태연金泰淵

재무 고일청高一淸

감사 윤성빈尹聖彬, 김 S.A.

곽병규郭炳奎(郭丙奎, 郭炳奎, 1893-1965)는 황해도 봉산 문촌 이덕 출신이다. 평양 숭실중학교를 졸업하고 세브란스를 3회로 졸업하였다.[27] 특히 주목되는 것은 그가 1919년 블라디보스토크 신한촌에서 의사로 활동했으며, 1920년 4월 중국 상해에서 대한적십자회가 설립한 간호원 양성학교의 교수로 활동하였다는 점이다. 그는 독립신문 1920년 3월 13일자-유경환씨의 정신이상-이라는 기사에, 임시의정원 의원 류경환柳璟煥을 정신이상으로 대한적십자회 의사 곽병규가 진단하였다고 한 보도에서도 이를 짐작해 볼 수 있다. 또한 신한민보 1920년 3월 30일자 〈적십자본부〉에서도 교수로서 활동하고 있음을 확인할 수 있다.

그 후 곽병규는 1920년 12월 12일 블라디보스토크에서 열린 기독교청년회 총회에서 회장에 뽑혀 국내의 중앙청년회와 연합한 후 재미만국연합회에 가입하고자 했으며, 블라디보스토크의 일본기독교청년회와도 연합을 꾀하였다.[28] 1921년 2월 대한적십자회 대표원으로 블라디보스토크 및 시베리아에서 회원과 자금 모집 책임을 맡았다. 동년 3월 1일 블라디보스토크에서 잔치를 베풀고 비밀리에 3·1만세운동을 기념하였다.

1922년 2월 시베리아조선인교육회 부회장에 뽑혔으며, 이후 국내로 들어와 1928년 1월 신간회 사리원지회 설립 당시 부지회장이 되었다. 동

■

27 사립세브란스 연합의과학교 학적부 1892년 2월 18일생으로 되어 있음(동은의학박물관 정용서박사 교시)
28 불령단관계잡건 조선인의 부 재서비리아 선인의 행동에 관한 건, 1920년 12월 15일.

년 10월 18일 동아일보 기자 이근호李根浩와 중외일보 기자 이문재李門在, 사리원청년동맹 회원 등이 황해도 사리원 경찰서 고등계 형사에게 체포될 때, 경산병원장鏡山醫院長으로 활동하다가 체포되었다. 그 이유는 청년동맹과 관련 때문인 것으로 보인다.[29]

곽병규가 블라디보스토크에 있을 때, 미국 기독교청년회와도 밀접한 관련을 갖고 있었음은 다음의 기록을 통해 짐작해 볼 수 있다.

조선인의 행동에 관한 건(『韓國獨立運動史』 36, 1921. 1. 20)

부속서류첨부 1921년 1월 30일 접수 아세아국 제3과

외무대신 백작伯爵 내전강재內田康哉 귀하

재 블라디보스토크在浦潮斯德 총영사 국지의랑菊池義郎

조선인의 행동에 관한 건

조선인 등의 행동에 관한 정보는 아래 목록대로 2통을 삼가 참고하도록 보고하는 바입니다.

본신本信 사본 송부 처 조선총독부

기독교청년회基督教靑年會에 대한 미국 동회同會의 후원에 관한 건

조선인기독청년회장 이강李剛 및 곽병규郭秉奎 두 사람은 (1921년) 1월 14일 미국기독청년회美國基督靑年會를 방문하여 후원을 요청하였고 미국 측은 이를 쾌히 수락하고 동회의 가임家賃 약 50엔을 매월 미국 측으로부터 원조받을 수 있다고 하고, 이를 배우고자 한다면 밤마다 무보수로 이를 교수教授하겠다고 말했다. 또 기보既報한 동회에서 음악단을 조선 및 일본에 보내는

29　국가보훈처 공훈록 참조

것에 대해서는 이강李剛 및 찬성자는 현재 생각에 멈추지 않고 매우 분주하게 움직이는 중이다.

곽병규는 1919년 2월부터 1921년 8월까지 블라디보스토크 일본총영사관의 감시대상이었다. 일본의 감시가 심해지자, 그는 1923년 미국 남감리회 선교사 앤더슨Earl Willis Anderson(安烈, 1879-1960)의 요청을 받고서 함경남도 원산에 있는 구세병원에 취직했다. 구세병원에 있는 동안에도 상해 임시정부와 연락하면서 독립운동을 지원했다. 또한 세브란스 출신 송춘기 등 3·1운동 전력이 있는 의사들과 의기투합하여 신간회 조직 건립과 활동에도 적극적이었다. 1928년에는 고향인 사리원으로 돌아가 경산의원鏡山醫院을 열었다. 사리원에서 곽병규는 사리원청년동맹을 조직하고 신간회 부지부장 등을 지내며 항일운동을 전개하다가, 1928년 10월, 청년동맹 사건으로 체포되기도 했다. 석방 후 곽병규는 같은 고향출신인 이경례와 결혼하였고, 슬하에 딸만 6명을 두었다. 결혼 후 일제의 감시가 심해지면서 항일운동이 불가능해지자, 곽병규는 사리원 일대의 부조리를 척결하는 사회운동에 투신하기도 했으며, 그의 경산의원은 지역사회 사회운동의 사랑방 구실을 담당했다.[30]

4. 러시아 대한적십자회 여성회원들

대한적십자회 러시아지부에서는 상해와 마찬가지로 1920년에 간호부 양성소를 개설하여 간호부 양성을 전개하는 한편 3·1운동 1주년 행사

■
30 신규환, 「강원지역 개신교 의료선교와 독립운동: 감리교회와 의사독립운동을 중심으로」, 『강원사학』 33, 2019, 63-64쪽.

이동휘가족 사진(이발, 이동휘 등)

에도 참여하는 등 독립운동을 전개하였다. 특히 간호부 양성의 경우, 당시 시베리아에 출병했던 미군을 따라온 미국적십자사에서 간호 수련을 받는 등 미국적십자사와 일정한 유대관계를 갖고 있음이 주목된다. 미국적십자사와의 연결은 미국 유학생인 박처후가 일정한 역할을 한 것으로 파악된다. 또한 러시아지역의 경우 만주 특히 간도지역과 인접해 있어 간도의 학생들을 모집하여 간호부양성에 참여하도록 하였다. 간도의 학생들을 모으는 작업에는 채계복이 일정한 역할을 한 것으로 보인다. 아울러 간도여성회장 우봉운禹鳳雲(恩)[31]도 큰 역할을 하였을 것이다.

한편 러시아지회는 상해본부와 밀접한 관련을 맺고 있었다. 상해에서 조직된 적십자회에는 대한애국부인회를 조직하였던 여성들이 적극적으로 참여하였다. 김규식의 부인으로 1919년 초 신한청년당에 참여하였던 김순애는 1919년 4월 이화숙, 이선실, 강천복, 박인선, 오의선 등과 함께 대한애국부인회를 발기하였는데, 김순애, 이화숙, 오의선 등은 대한적

■

31   『한인신보』에서는 우봉은(禹鳳恩)으로 보도하고 있다.

십자회의 설립에 참여하였다.[32] 러시아지역의 경우도 이와 유사할 것으로 보인다.

러시아 연해주 대한적십자회 간호부양성계획 참여 인원을 잘 보여주는 사진엽서가 일본외무성사료관에 남아 있다. 불령단관계잡건 시베리아부10, 선인의 행동에 관한건(1920년 5월 26일)이 그것이다. 여기에는 태극기와 적십자사기를 뒤에 걸고 18명의 여성들이 기념촬영을 하였다. 여기에는 이의순李義橓, 이예순李藝順 자매, 장일의 부인, 도국향都國鄕, 함세인咸世仁의 부인, 우봉운, 박처후의 처, 미국인 미스 후릿게, 러시아 부인, 이혜근李惠根, 채계복, 채계화蔡桂花 자매, 채계복의 어머니이며 채성하蔡聖河의 부인, 조동운趙東雲의 딸, 박인섭朴仁燮의 딸 등이다. 이 사진을 통하여 미국인과 러시아인들의 협조가 있었음을 짐작해 볼 수 있다.

간호부와 관련한 주요 구성원을 살펴보면 다음과 같다.

1) 이동휘의 딸들-이의순(이명, 李義順,吳義順)과 이의순의 여동생 이예순

이의순(1895-1945.5.8.)은 함경남도 단천출신으로, 이동휘李東輝의 차녀이며 남편은 상해지역의 독립운동가 오영선吳永善이다.[33] 1902년경 부친이 경기도 강화도 진위대장으로 활동하게 되자 할아버지 이발李發, 언니 인순仁橓 등과 함께 7세의 나이에 서울로 이사와 성장했다. 1911년 가을, 서울을 떠나 성진에서 살다가 부친이 만주로 망명하자 부친을 따라 두만강을 건너 국자가局子街로 이주하였다. 동년 화룡현和龍縣 명동촌明東村에 있는 민족학교인 명동학교의 교사로서 학생들에게 민족의식을 고취시키는데 일익을 담당하였다. 그 후 근방의 마을마다 야학을 설치하여 운영하

32   조규태, 「대한적십자회의 설립과 확장(1919-1923)」, 『한국민족운동사연구』 102, 68-69쪽.
33   김다래, 「대한민국임시정부 국무위원 오영선의 민족운동」, 『한국민족운동사연구』 86, 2016.

는 한편, 부흥사경회復興査經會를 개최하여 이를 계기로 1919년 명동여학교를 병설하는 등, 간도지역 여성 민족교육의 발전에 크게 기여하였다.

한편 1918년 가을에는 부친의 지시에 따라 블라디보스토크로 이주한 이의순은 그곳 신한촌 삼일여학교에서 교사로 활동하면서 당시 이곳의 채성하의 만딸 채계복과 같이 애국부인회를 조직하여 회장으로 활동하였다. 1919년 10월 당시 회원은 50명이었다. 한편 이의순은 미래 독립전쟁에서 활동할 간호부의 양성을 위하여 적십자회를 조직하여 활동하기도 하였다.

1919년 부친이 상해에 가서 임시정부에 참여하게 되자 이의순은 1920년 할아버지 이발과 상해로 이주하였으며, 그곳에서 오영선과 결혼하였다. 그 후 이동휘가 임시정부와 결별하고 다시 블라디보스토크로 오게 될 무렵 이의순은 상해에 계속 남아 독립운동을 전개하였다.

1930년 8월 11일 이의순은 인성학교 교장 김두봉金斗奉의 처 조봉원趙奉元 등과 함께 기존의 여성단체 조직인 상해한인부인회를 개조하여 보다 급진적인 조직인 상해한인여성동맹을 만들고자 하였다. 그러나 이것이 상해지역 여성조직의 분열을 가져오는 점이 있어 김구 등의 중재로 젊은 여성들을 중심으로 상해여자청년회를 조직하였는데 이 때 창립대회 준비위원으로 활동하였다. 광복을 보지 못한 채 이역 땅에서 작고하였다.[34]

이의순은 1919년 8월 29일 신한촌에서 개최된 국치일기념회에서 박은식, 조부인 이발, 남편 오영선에 이어 다음과 같은 애국적인 연설을 하였다.

나는 여자이지만 대한민족인 것은 일반이고 남자와 동등의 권權있는 이
상은 어찌 안연晏然하게 좌시할 것인가? 내지에서는 여학생들 다수가 류流하
였지만 해외에 있는 여자들은 어찌 수수방관하고 재가안락在家安樂을 탐貪함
으로써 행복하다고 말할 수 있는가 니는 저 원수의 총검銃劒 아래에서 국가
를 위하여 생명을 희생하는 것을 나의 행복이라고 믿는 사람이다.[35]

2) 채성하의 딸들 - 채계(계)복蔡啓(桂)福, 채계화, 채성하의 부인

채계복의 아버지 채성하는 함경남도 문천군文川郡 출신으로[36] 1909년
2월 대한인국민회 블라디보스토크 지방회 회원,[37] 1914년 8월 권업회 민
사부장,[38] 1917년 7월 블라디보스토크 조선인회 사무대리, 동년同年 10월
동회同會 위생부장,[39] 1920년 1월 블라디보스토크 한인상무총회韓人商務總
會 부의장 등을 역임하였다.[40] 그는 독실한 기독교신자이자 노인동맹단
의 간부로, 강우규姜宇奎 의사의 사이토 총독 처단계획을 조직적으로 후
원한 소년모험단 단원들이 폭탄을 조달·운반할 수 있도록 도와준 인물
이기도 하다.[41]

채계복은 대한적십자사 간호부로서 1919년 12월 간도로 가서 12명의
여자들을 불러와서 미국적십자사에서 간호기술을 습득할 수 있도록 주
선한 인물이다.[42] 불령단관계잡건-조선인의 部-재서비리아 11, 선인鮮人의

■

35   불령단관계잡건 재서비리아 7, 일한병합기념일에 관한 건, 1918년 9월 12일자.
36   함북 성진이란 기록도 있다. 불령단관계잡건-朝鮮人의 部-재서비리아 9, 鮮人 행동에 關한 件(블라디보스토크 總
     領事 : 1920. 4. 12)
37   『신한민보』 1909년 2월 17일
38   불령단관계잡건-조선인의 部-재만주의 부 3, 浦潮 정보(朝鮮駐箚憲兵隊司令部 等 : 1914. 8. 4)
39   불령단관계잡건-조선인의 部-재서비리아 6, 朝鮮人 近狀에 關한 報告의 件(블라디보스토크 總領事 : 1917. 10. 8)
40   불령단관계잡건-조선인의 部-재서비리아 9, 鮮人 행동에 關한 件(블라디보스토크 總領事 : 1920. 1. 29)
41   조선민족 해방운동에 참가하던 빨치산 회상기(독립기념관), 백절불굴하던 전우 이홍파의 회상담.
42   『독립군의 수기』, 국가보훈처, 292쪽.

행동에 관한 건件(블라디보스토크 總領事 : 1921. 1. 26)에 다음과 같은 내용이 있어 도움을 준다.

블라디보스토크 조선인거류민회 역원 개선改選의 건

1월 23일 거류민회총회를 열고 역원 개선을 행한 결과 좌와 같이 당선됨. (중략) 이에 앞서 신한촌에서 구총회區總會를 열고 개표자 선거를 행하고 23명을 선거하여 구장區長의 개선도 행함. 그 진용陣容을 보건데 마치 1920년 4월 사변 이전 의 상황으로 역전逆轉된 감이 있음. 구민區民의 말에 따르면 '그것은 정당하게 이루어진 선거가 아니다. 모두 조영진 일파의 지명에 따른 것'이라 한다. 지금 참고를 위해 대표자 중 중요한 인명에 대하여 주의사항을 다음과 같이 기록함. (중략)

채성하, 유명한 불령자. 본인의 딸 계복은 대한적십자사 간호부로 간도에서 동지를 모집하였고, 당시 미국적십자사에서 간호부술을 습득하여 독립부인 회원으로 활동하였다. 4월 사변 후에는 오랫동안 지방에 잠닉潛匿한 후 블라디보스토크로 돌아와 지금은 경성에서 유학 중이다. 본인은 4월 사변 때에 체포되어 최후까지 유치留置 조사를 받았다. 야소교 장로로 세력이 있다.

다음 자료에서도 확인해 볼 수 있다. 불령단관계잡건-조선인의 부-재서비리아 10, 선인鮮人 행동에 관한 건(블라디보스토크 總領事 : 1920. 8. 28)

채성하 등의 조선행에 관한 건

주의인물 채성하 외 3명의 자는 8월 20일 출범 평안호로 함남 홍원을 향하여 출발하였는데 채蔡에 관해서는 당지 재在조선 총독부 파견원 산기山崎 사무관이 본관 및 목등 통역관 앞으로 홍원방에게 편의를 의뢰하였으므로 목등 통역관이 원산서장에게 소개장을 보내었다. 원래 채성하는 종전부터 주의인물로 저들의 배일사상이 일조일석一朝一夕에 회유정책에 따라 완전히 삼화될 것이라 믿지 않는다. 특히 저들 야소교耶蘇의 근거지로서 선내지의 상로교회와 연락하여 항상 몰래 배일사상을 고취하고 있는 사실을 새삼스럽세 용언冗言할 필요는 없다. 금회의 조선행은 표면 채蔡, 손, 김 3명이 장로에 임명되었기 때문이라고 하나, 그 사이에 특히 주의할 만한 것이 있다고 보인다. 그 중에서도 특히 채성하의 장녀 채계복(19세)은 종래 불령의 딸로서 대한적십자사 간호부로 간도부터 블라디보스토크에 걸쳐 미국인들의 원조를 얻어 해당 적십자를 위해 활동하고 있던 사실은 종래 여러번 보고한 바와 같다. (중략)

한편 채계복은 간도15만원사건의 관련자이기도 하다. 간도15만원사건의 중심인물인 윤준희, 임국정, 한상호의 3인이 일본헌병대에 체포되었고, 최봉설(계립)만이 탈출에 성공하여 채성하의 집으로 도피하였는데, 총상을 입은 최계립을 치료 간호하고 수찬으로 도피할 수 있도록 보호한 이들이 바로 이혜근, 우봉운과 채성하의 딸인 채계복, 채계화, 채계로 등과 아들인 채창도 등 채씨 집안 사람들이었다. [43]

채계복은 1919년 당시 정신여학교 졸업반으로서, 서울에서 3·1운동 계획에 적극 참여하였다. 그 후 부모가 있는 블라디보스토크로 망명하여 부인독립회 활동에 참여하게 되었다. [44]

■

43 최계립, 「間島十五萬元事件에 對한 四十週年을 맞으면서」(1959년 정월, 크즐오르다), 국가보훈처, 『獨立軍의 手記』,1995, 326쪽.
44 반병률, 「러시아 연해주지역 항일여성운동 1919-1920」, 『역사문화연구』23, 2005, 115-117쪽.

3) 이혜근

이혜근(1886-1988)은 개성출신으로 이명섭의 장녀이다. 개성호수돈 여고의 전신인 개성여학당에서 공부하고, 1906년 3월 주영섭 혼인 후 연해주로 이주하였다[45]. 러시아지역에서 항일 여성 독립운동단체인 부인독립단의 주역으로 독립자금 모집과 독립군 부상 치료에 헌신하였다. 3·1운동 이후 애국지사 박창순의 모친, 철혈광복단원 우봉운에 이어 부인독립회(애국부인회로 불려지기도 함)의 회장을 역임하기도 했다.

1920년 1월 블라디보스톡이 러시아혁명군에 장악된 후, 부인독립회가 항일무장투쟁에 대비하여 부상한 독립군을 간호하기 위한 간호부 양성을 위한 속성과를 설립하자, 부인독립회 주요인물들과 함께 이 과정을 이수하고 이후 후배들들을 양성하는 데 기여했다.

이혜근은 간도 15만원 사건 의거로 총상을 입은 철혈광복단 최봉설(계립)을 위험을 무릅쓰고 치료하였다. 최봉설의 회고록에 의하면 거사 후 블라디보스토크 신한촌으로 도주하였는데 친구들이 살던 집으로 갔으나 피묻은 몸과 단촉한 말을 듣고는 모두 자기들이 살겠다고 도망하였으나 채계복과 이혜근이 도와주어 살 수 있었다고 했다. 그는 '복도 첫 간에는 이혜근이라는 처녀의사가 있었는데 그는 애국 여자이고, 당시 애국부인회 회장이었소....이혜근은 내 오른팔에 탄환이 박혀 마감 가죽까지 나와 박힌 것을 빼어내어 놓고서 말하기를 나는 이 철을 영원히 보존하여 두었다가 조선이 독립된 후에 기념하겠다고 하였소'라고 회고했다.

일본군이 연해주 일대를 무력적으로 공격한 4월참변 이후 연해주 독립운동조직이 와해되자 이혜근은 서북간도에 있는 남편 주영섭(한인독립군부대 대한의용군)라 합류해 독립군 간호대장으로 부상 독립군을 치료하였고, 1921년 아들을 출산한 이후 해방까지 만주와 개성을 오가며 독립군 치료 및 인도주의적 의료 행위에 헌신하였다. 만주에서 지하항일운동을 하던 중 1928년 일제 관동군 특무대에 체포돼 수개 월간 비밀감옥에서 고문 취조를 당하기도 하였다.[46]

4) 우봉운

우봉운(1899년-미상)은 북간도에서 명동기독교학교 교사,[47] 간도부인회 회장을 역임한 인물[48]. 1889년 경상남도 김해에서 출생하였다. 서울 정신여학교를 졸업하고, 국내 및 해외에서 여성교육활동에 종사하였다. 이후 불교를 신앙하게 되어 불교여성운동 및 사회주의 여성운동가로 활약하였다.

우봉운은 대구의 기독교 장로교계 학교인 계성여학교 교사로 3년간 재직하였다. 교사인 기태진奇泰鎭(昔湖, 奇石虎)과 결혼 후 1910년대 초 북간도로 망명하여 간도와 블라디보스토크 동포학교 등지에서 교사 생활을 하였다. 동시에 간도애국부인회 회장으로 간도와 연해주 지역의 독립운동 비밀단체인 철혈광복단 여자단원으로, 블라디보스토크에서는 부인독립단의 단원으로 활동하였다.

1922년 4월경에 창립된 조선불교여자청년회 회장으로서, 그 해 9월에 개교한 능인여자학원의 교장을 역임하였다. 1923년 3월 24일부터 1주일간 전조선청년당대회가 개최되었는데, 여기에 참가 대표로 선출되었

---

46 이혜근의 후손 주영 증언(2018년 9월 28일) 및 이혜근 독립유공자공적조서.

47 불령단관계잡건-조선인의 부-在滿洲의 部 11, 朝鮮獨立運動에 관한 情報送付의 건, 1919년 6월 10일.

48 불령단관계잡건-조선인의 부-재서비리아 10, 鮮人의 행동에 관한 건(蔡聖河 등의 조선행에 관한 건 외 4건), 1920년 8월 28일.

다. 1924년 4월 12일 개최한 조선청년총동맹 창립대회에 참가하였고, 반도여자학원을 경영하였다.

1924년 5월 창립된 조선여성동우회에 발기 단계부터 참여하여 사회주의 여성운동가로 활동하였다. 또 북풍회와 연결되는 여성들이 주축이 되어 1925년 1월 21일 발기총회를 개최한 경성여자청년동맹의 창립 발기인으로 활동하였는데, 창립총회에서 축사하다가 경관의 제지를 받았다. 1927년에는 2월에 창립된 신간회 및 5월에 창립된 근우회에 참여, 활동하였다. 1927년 4월 26일 근우회 발기 당시의 중앙집행위원과 중앙검사위원, 전국대회 접대부 책임자 등을 역임하였다. 군위지회 설립 지원을 위해 파견되었으며, 근우회 청진지회 집행위원, 경성지회 대의원 등에 선임되었다. 1929년 8월에 조직된 경성여자소비조합에도 참여하였다. 1931년 근우회 내부에서 운동의 방향과 관련해 근우회 해소론이 등장하였다. 우봉운은 '앞으로 여성운동은 근우회가 아니라 급진적이고 좌익적인 여성노동운동으로 나아갈 것'을 주장하였다. 결국 좌우익을 망라한 여성단체였던 근우회는 1931년 해소되었다.

또한 사랑에 대한 국제결혼은 당연히 허용되어야 하지만 일제가 내선일체 정책의 일환으로 추진한 일본인과 조선인의 결혼에 대해서는 '국가 간의 정략결혼'이라고 비판했다. 나아가 여성이 사회운동을 잘하기 위해서는 애인이나 가정에 속박당해서는 안된다고 주장하면서 여성의 독신을 강조하였다. 1930년대 후반에는 주로 신문, 잡지 등 언론활동을 통해 여성운동을 전개하였다.[49]

광복 후 조선건국준비위원회 경성시 인민위원 중의 한사람으로 선출되었으며, 1948년 1월 9일에는 민족자주연맹 제2차 상무위원회에서 부녀

■

49 『동광』 제28호 1931.12.1., 一九三一年의 總決算, 過去 一年間의 朝鮮女性運動 禹鳳雲 논설이 있다.

부장으로 선임되었다. 동년 4월 15일 민주독립당 상무집행위원회의 각 부서 개편에서는 부녀위원회의 대표가 되었다. 1948년 8월 황해도 해주에서 개최된 남조선인민대표자대회에 참가한 대표 30여 명 중의 한 사람이었으며, 제1기 죄고인민회의 대의원으로 선출되었다. 그러나 이후 활동에 대해서는 알려지지 않았다.[50]

블라디보스토크에서 간행된 신한촌 민회의 기관지 『한인신보』[51] 1918년 1월 13일자에는 우봉운과 그의 남편 기태진에 대한 매우 홍미로운 기사가 실려있다. 「염세주의厭世主義인가?」라는 제목하에 "남편은 금강산에 중노릇을 하고 부인은 간도 명동 여교사로 있다"라는 부제를 붙이고 있다. 이 기사는 이들 두 신진 인테리의 경력을 소개한 후 불교에 빠져 금강산에 들어가 승려가 된 남편 기태진을 찾아 금강산까지 갔다온 부인 우봉운의 이야기를 자세히 기록하고 있다. 이 기사는 우봉운에 대한 귀중한 내용을 담고 있다. 금강산에 가서 남편을 만난 우봉운은 "여보 당신은 당신 생각대로 중노릇을 하지만, 나는 당신을 따라 여승노릇은 못하겠고, 오직 저 아들 웅(雄)이를 데리고 북간도에 나가서 교육을 시키며 하나님 앞에 일을 하다가 당신이 회개하는 날이면 다시 만날런지요"하고 돌아왔다고 한다. 한인신보기자는 우봉운의 이러한 결단을 "나의 늑김은 오직 우봉은씨의 장쾌한 결심을 찬양할 뿐이로라"고 하고 있다.

한인신보의 이 기사에 따르면 우봉운은 1889년 경남 김해출신으로 서울의 정신여학교를 졸업하였고, 그의 남편 기태진은 황해도 해주사람으로 1882년 출생이며 경신중학교 출신이다. 이들 부부는 국내의 기독

---

50 『민족문화대백과사전』 우봉운
51 박환, 『러시아지역 한인언론과 민족운동』, 경인문화사, 2008, 231-239쪽.

적십자 대표 연설과 노인동맹단 회장 이발

교 학교에서 교편을 잡고 있다가 1914,5년경 함경도 성진에서 북간도로 나왔다. 북간도에서 기태진은 간도 명동학교에서, 우봉운은 명동여학교에서 학생들을 가르쳤다.

우봉운은 간도에서 애국부인회 회장으로 활동하였고, 간도와 연해주지역의 급진적 비밀결사단체인 철혈광부단鐵血光復團의 여자단원이기도 했다. 우봉운은 1920년 봄에 블라디보스토크로 와서 부인독립회에 활발하게 참여하였다.[52] 1920년 9월에는 신한촌에 있는 삼일여학교 교사로 활동하였다.[53]

Ⅳ. 맺음말-3·1운동 1주년기념 행사 참여

1920년 3월 1일에 개최된 독립선언기념회는 당시 블라디보스토크의 한인들 전체가 참여한 가운데 성대하게 진행되었다.[54] 백위파정권이 붕괴되고 러시아혁명세력이 정권을 장악한 상황에서 개최된 만큼 한인들의 독립의지를 과시한 행사이었다. 대한적십자회 러시아지부의 한인여성들도 기념회에서 비중있는 역할을 담당하였던 것이다.

1920년 2월 23일에 선출된 대회 집행부임원에는 지휘부에 채계복, 경찰부에 함세인의 처제인 김기동金基東, 응접부에 김신길金信吉, 최마리아, 최호제, 최 나제즈다 등 여성들이 선임되었다. 또한 3월 1일의 독립선언

■

52   반병률, 위의 논문, 114-115쪽.
53   불령단관계잡건-조선인의 부-재서비리아 10, 선인의 행동에 관한 건('朝鮮의 友'에 관한 외 8건) 1920년 9월 10일자.
54   박환, 「大韓國民議會와 沿海州地域 3·1運動의 展開」, 『汕耘史學』 9, 고려학술문화재단. 2000. 윤상원, 「1920-30년대 러시아 연해주 한인들의 민족해방운동 인식 - 3·1운동을 중심으로」, 『한국사보』 61, 고려사학회 2015.

기념회에 참가한 24개 참가단체 가운데에는 대한적십자회를 비롯하여 부인독립회(대한부인회, 대한부인독립단)가 들어있고, 대한적십자회 대표로 김모여사가 연설하였고, 이의순이 이발(이동휘의 父), 이홍삼, 정재관, 조영진 등과 함께 연설하였다. 그 중 대한적십자회 대표의 연설을 알아보자.

> 적십자사대표 김모녀金某女는
> 왼쪽 팔에 적십자 장을 달고 오른손에는 적십자기를 들고 연단에 나타나 우리들 자매는 독립전쟁에서 간호에 힘써야 한다.

고 하였다. 감동적인 연설이 아닌가 한다. 당시 적십자 대표는 김올가가 아닌가 한다. 부인독립회 회장인 박창순의 모친이 1919년 여름 콜레라에 걸려 사망하고, 1919년 12월 김일천金一天의 부인인 김올가가 회장직을 승계하여 부인회를 이끌고 있었기 때문이다.[55]

다음은 적십자와 부인독립회에서 활동한 이의순의 연설을 들어보자.

> 본인은 태극기의 이면에 자유라고 대서한 기를 숨겨 갖고 연단에 나타나 우리민족은 10년간 자유를 잃었지만 금일 이 자유를 회복하였다고 숨겨온 기를 내놓고 이 기는 10년간 동해의 물에 빠져 있었지만 금일 나왔다. 자유를 얻은 금일 과거 1년간을 회고하면 우리는 과연 무슨 일을 하였는가 실로 참괴에 감당할 수 없게 되었다 명년 금일은 마땅히 진정한 독립기념회를 열자.

이어 적십자 회원 겸 부인독립회 구성원, 채계복도 연설을 하였다.

---

55 불령단관계잡건 서비리아부 7, 포조에 있어서 불령선인의 동정, 1919년 12월 19일자. 〈부인회의 활동〉

(적십자간호사들)만세행렬이
정교사원 동측으로 가고 있다.

작년의 금일 33명의 인사가 독립선언을 함에 마땅히 우리 여자 중에도 오른손에 태극기를 흔들고 만세를 부르고 오른손을 잘려 떨어지면 이를 왼손으로 흔들고 다시 왼손을 잘려 떨어지면 입에 물고 흔들고 마침내 참살된 자 조차 있고 우리 여자라도 마땅히 분기하여 최후까지 싸우지 않으면 안된다.

라고 외쳤다.

3·1운동 만세기념식을 마친 사람들은 신한촌에 돌아와 5시부터 7시 반까지 진행된 연극에 참여하였다. 이때에도 적십자 회원인 이의순, 채계복 그리고 삼일여학교 학생들과 부인회 회원들이 대거 참여하였다.[56] 이의순, 채계복, 오성문吳聖文의 부인 등은 3월 5일 한 한인들을 방문하고 적십자비로서 의연금을 요청하고 1만 루블의 기부를 받기도 했다.[57]

한편 적십자원들이 다수인 부인독립회는 1920년 3월 7일 신한촌의 장일張一의 집에서 25, 6명이 참석한 집회를 갖고 임원을 개선하고 4개항의 결정사항을 통과시켰다. 새로운 임원으로 회장에 이의순, 총무에 최호제, 재무에 함안나, 서기에 채계복이 선출되었다. 당시 통과된 4개항은 다음과 같다.

(1) 의무금으로서 매월 비용의 10분의 1을 절약하여 그것을 저축하여 부인회에 제공할 것.

■

56 불령단관계잡건 서비리아부 9, 한국독립선언기념회에 관한 건, 1920년 3월 5일자.
57 불령단관계잡건 서비리아 9, 한국독립선언기념회에 관한 건, 1920년 3월 5일자.

(2) 국민의회 외교원 박처후의 부인외 수명의 여자가 적십자사 간호부로서 미군적십자사에서 간호술 연습중인 것에 대하여 그들 독지가를 본회에서 원조할 것.

(3) 상해上海 소재의 부인회와 연락을 취하여 일정의 휘장을 제정하고 회원에게 그것을 배포하여 각자 패용할 것

(4) 다음번 회의에서 임원의 개선을 행할 것. 당시 부인독립회의 회원은 100여명이었고 입회금은 250여 루블이었다[58]

위에서 보는 바와 같이, 부인독립회에서 결의한 4개항 가운데 하나가 부인독립회에서 간호부 양성을 후원한다는 것이다.

한편, 1920년 4월 4~5일밤 일본군이 연해주일대의 러시아혁명세력과 한인사회를 무력적으로 공격하여 러시아인과 한인들을 체포, 구금, 학살을 자행한 4월참변을 일으킴으로써 연해주지역의 한인독립운동의 기반이 송두리채 파괴되었다. 블라디보스토크의 주요한 한인단체인 대한적십자회를 비롯하여, 대한국민의회, 한인사회당, 노인단, 애국부인회 등의 주요간부들은 러시아혁명세력이 장악하고 있는 흑룡주나 만주 또는 농촌지역으로 도피하여 재기를 도모하게 되었다. 대한적십자회와 부인독립회의 주요간부들인 이의순, 채계복, 우봉운은 이홍삼 등 한인지도자들과 중국과의 국경지대인 이만의 한인부락인 다반촌으로 도피하여, 노인단 재무인 한승우韓承宇의 보호를 받았다.[59]

58　불령단관계잡건 서비리아부 9, 선인의 행동에 관한 건, 1920년 3월 12일자.
59　반병률, 「러시아 연해주지역 항일여성운동, 1909-1920」. 122쪽.

참고문헌

독립신문
신한민보
매일신보
적기
제국신문
한인신보
황성신문
동광

국사편찬위원회, 『대한민국임시정부자료집』 42, 제목 25. 朴處厚가 李承晩에게 보낸 서한.
국사편찬위원회, 『대한민국임시정부자료집』 21, 파리위원부, 『자유한국(La Corée Libre)』 제2호(1920. 6.) 〈
　　　　대한적십자사〉
불령단관계잡건 재서비리아부
불령단관계잡건 재만주부
『조선민족운동연감』
이혜근의 후손 증언 및 이혜근 독립유공자공적조서.
조선민족 해방운동에 참가하던 빨치산 회상기(독립기념관), 백절불굴하던 전우 이홍파의 회상담

박환, 『독립군의 수기』, 국가보훈처, 1995.
박환, 『러시아지역 한인언론과 민족운동』, 경인문화사, 2008,
반병률, 『임시정부의 초대 국무총리 誠齋 李東輝 一代記』, 범우사, 1998.
반병률, 『망명자의 수기』, 한울아카데미, 2013.
안형주, 『박용만과 한인소년병학교』, 지식산업사, 2007.
옥성득, 『한국간호역사자료집』 2, 간호사협회, 2017.

김다래, 「대한민국임시정부 국무위원 오영선의 민족운동」, 『한국민족운동사연구』 86, 2016.
반병률, 「러시아 연해주지역 항일여성운동 1919-1920」, 『역사문화연구』 23, 2005
박경, 「王三德의 생애와 민족운동」, 『한국민족운동사연구』 87. 2016.
박환, 「大韓國民議會와 沿海州地域 3·1運動의 展開」, 『汕耘史學』 9, 고려학술문화재단. 2000.
박환, 「대한국민의회 의장 문창범」, 『한국민족운동사연구』 98, 2019.
박환, 「대한적십자회의 3·1운동영문사진첩」, 『한국민족운동사연구』 102, 2020.
성주현, 「대한적십자회 요인 이희경과 이관용의 활동과 민족운동」, 『한국민족운동사연구』 102, 2020.
신규환, 「강원지역 개신교 의료선교와 독립운동: 감리교회와 의사독립운동을 중심으로」, 『강원사학』 33,
　　　　2019.
오영섭, 「안중근가문의 독립운동」, 『한국민족운동사연구』 30, 2002.

유상원, 「1920-30년대 러시아 연해주 한인들의 민족해방운동 인식 - 3·1운동을 중심으로」, 『한국사학보』 61, 고려사학회 2015.

윤현명, 「근대 일본의 시베리아출병에 대한 일고찰」, 『한국학연구』 53, 인하대, 2019.

장규식, 「1900~1920년대 북미 한인유학생사회와 도산 안창호」, 『한국근현대사연구』 46, 2008.

조규태, 「대한적십자회의 설립과 확장, 1919~1923」, 『한국민족운동사연구』 102, 2020.

최창희, 「韓國人의 하와이 移民」, 『국사관논총』 9, 국사편찬위원회, 1989.

자료제공

대한적십자사
독립기념관
한국이민사박물관
대한민국역사박물관
연세대 동은의학박물관
서울대학교병원 의학박물관
컬럼비아대학교 도서관
미국 USC
남북 역사학자협의회
Korea Data Project

김광운 박사
김권정 박사
김상태 교수
김승태 목사
김형목 박사
염경화 박사
옥성득 교수
정용서 박사